arte na escola

ENSINO FUNDAMENTAL • ANOS INICIAIS
ARTE • 2º ANO

2

Anamelia Bueno Buoro

- Licenciada em Educação Artística, com habilitação em Música, pelo Instituto Musical de São Paulo.
- Mestra e doutora em Comunicação e Semiótica pelo Departamento de Comunicação e Semiótica da Pontifícia Universidade Católica de São Paulo (PUC-SP).
- Professora de História da Arte e de Análise da Imagem em cursos de pós-graduação, graduação e em cursos de formação de professores.

Andrea Aly

- Bacharela em Propaganda, Publicidade e Criação pela Faculdade de Comunicação e Artes da Universidade Presbiteriana Mackenzie (UPM-SP).
- Especialista em História da Arte pela Fundação Armando Álvares Penteado (FAAP-SP).
- Artista plástica, ilustradora e professora de Arte e de cursos de formação de professores.

Karen Greif Amar

- Licenciada em Educação Artística pela Universidade Federal do Rio de Janeiro (UFRJ).
- Professora de Arte e de cursos de formação de professores.

Organizadora: Evelyn Berg Ioschpe

- Licenciada em Ciências Sociais pela Universidade Federal do Rio Grande do Sul (UFRGS).

São Paulo, 1ª edição, 2017

Arte na Escola — Arte 2
© Edições SM Ltda.
Todos os direitos reservados

Direção editorial	M. Esther Nejm
Gerência editorial	Cláudia Carvalho Neves
Gerência de *design* e produção	André Monteiro
Edição executiva	Ana Carolina Nitto e Pedro Cunha
	Edição: Ana Carolina Nitto, Ana Luiza Couto, Ana Spínola, Andressa Paiva, Graziela Ribeiro dos Santos, Pedro Cunha, Regina Gomes
Suporte editorial	Alzira Bertholim, Fernanda Fortunato, Giselle Marangon, Talita Vieira, Silvana Siqueira
Coordenação de preparação e revisão	Cláudia Rodrigues do Espírito Santo
	Preparação e revisão: Berenice Baeder, Cristiano Oliveira, Fernanda Oliveira Souza, Rosinei Aparecida Rodrigues Araujo, Valéria Cristina Borsanelli
	Apoio de equipe: Beatriz Nascimento, Camila Durães Torres
Coordenação de *design*	Gilciane Munhoz
	Design: Carla Almeida Freire, Tiago Stéfano
Coordenação de arte	Ulisses Pires, Juliano de Arruda Fernandes, Melissa Steiner Rocha Antunes
	Edição de arte: Danilo Conti, Ivan Toledo Prado
Coordenação de iconografia	Josiane Laurentino
	Pesquisa iconográfica: Beatriz Micsik, Etoile Shaw, Mariana Sampaio
	Tratamento de imagem: Marcelo Casaro
Capa	Carla Almeida Freire, Gilciane Munhoz
	Ilustração da capa: Carole Rénaff
Projeto gráfico	Gilciane Munhoz, Tiago Stéfano
Editoração eletrônica	Estúdio Anexo
Ilustrações	AidaCass, Bruno Nunes, Clara Gavilan, Pedro Hamdan
Fabricação	Alexander Maeda
Impressão	Forma Certa

Em respeito ao meio ambiente, as folhas deste livro foram produzidas com fibras obtidas de árvores de florestas plantadas, com origem certificada.

Dados Internacionais de Catalogação na Publicação (CIP)
(Câmara Brasileira do Livro, SP, Brasil)

Buoro, Anamelia Bueno
    Arte na escola, 2º ano : ensino fundamental, anos iniciais / Anamelia Bueno Buoro, Andrea Aly, Karen Greif Amar ; organizadora Evelyn Berg Ioschpe. — 1. ed. — São Paulo : Edições SM, 2017.

    Bibliografia.
    ISBN 978-85-418-1941-1 (aluno)
    ISBN 978-85-418-1942-8 (professor)

    1. Arte (Ensino fundamental) I. Aly, Andrea. II. Amar, Karen Greif. III. Ioschpe, Evelyn Berg. IV. Título.

17-10868   CDD-372.5

Índices para catálogo sistemático:
1. Arte : Ensino fundamental 372.5
4ª Impressão, 2023

Edições SM Ltda.
Rua Tenente Lycurgo Lopes da Cruz, 55
Água Branca 05036-120 São Paulo SP Brasil
Tel. 11 2111-7400
atendimento@grupo-sm.com
www.grupo-sm.com/br

APRESENTAÇÃO

OI, ALUNA! OI, ALUNO!

NESTA COLEÇÃO DE ARTE, VOCÊ VAI DESCOBRIR NOVAS FORMAS DE OBSERVAR, OUVIR E SENTIR O MUNDO POR MEIO DE IMAGENS, SONS, MOVIMENTOS E SENSAÇÕES.

PARA ISSO, VOCÊ VAI APRECIAR OBJETOS DE ARTE DIVERSOS, EXPLORAR E EXPERIMENTAR AS POSSIBILIDADES DAS ARTES VISUAIS, DA MÚSICA, DA DANÇA E DO TEATRO. ALÉM DE SE EXPRESSAR POR MEIO DESSAS LINGUAGENS!

COM MUITA CRIATIVIDADE, VOCÊ VAI PRODUZIR TRABALHOS DE ARTE QUE SERÃO COMPARTILHADOS COM A TURMA, A COMUNIDADE ESCOLAR E OS FAMILIARES.

DESEJAMOS A VOCÊ UM ANO CHEIO DE CRIAÇÕES E NOVOS CONHECIMENTOS!

AS AUTORAS

Bruno Nunes/ID/BR

COMO SEU LIVRO É COMPOSTO

ABERTURA DA UNIDADE

CADA UNIDADE COMEÇA COM IMAGENS E TEXTOS ESCRITOS QUE VÃO PROVOCAR VOCÊ A PENSAR SOBRE O TEMA A SER TRABALHADO.

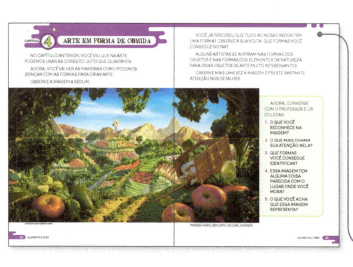

ABERTURA DO CAPÍTULO

NO INÍCIO DOS CAPÍTULOS, VOCÊ ENCONTRA OBJETOS DE ARTE, TEXTOS E IMAGENS PARA REFLETIR SOBRE O TEMA APRESENTADO.

DESCOBERTAS

NESTA SEÇÃO, VOCÊ É CONVIDADO A DESCOBRIR MAIS SOBRE OS ARTISTAS E OS OBJETOS DE ARTE APRESENTADOS.

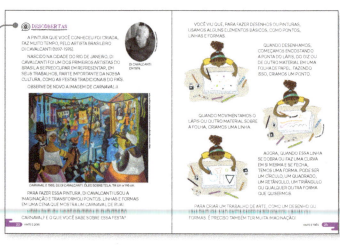

ATELIÊ

NESTA SEÇÃO, VOCÊ VAI USAR A CRIATIVIDADE PARA PRODUZIR DESENHOS, PINTURAS, ESCULTURAS, ENTRE OUTRAS COISAS, RELACIONADOS AO CAPÍTULO.

EM CENA

NESTA SEÇÃO, VOCÊ VAI SE DIVERTIR E EXPERIMENTAR ATIVIDADES DE DANÇA, MÚSICA E TEATRO.

REPERTÓRIO

COM ESSE BOXE, VOCÊ VAI PODER AMPLIAR SEU REPERTÓRIO DE PALAVRAS OU EXPRESSÕES USADOS NOS TEXTOS ESCRITOS DESTE LIVRO.

RODA DE CONVERSA

NESSE BOXE, VOCÊ VAI CONVERSAR COM OS COLEGAS SOBRE OS TRABALHOS DE ARTE QUE VOCÊS FIZERAM.

VEJA QUE INTERESSANTE

ESSA SEÇÃO TRAZ CURIOSIDADES DO MUNDO DA ARTE, CONTEÚDOS E MAIS OBJETOS DE ARTE RELACIONADOS AO CAPÍTULO.

VAMOS COMPARTILHAR

ESSE É O MOMENTO DE VOCÊ E OS COLEGAS COMPARTILHAREM OPINIÕES SOBRE O QUE FIZERAM NO CAPÍTULO E VERIFICAREM O QUE PODE SER MELHORADO PARA TORNAR AS AULAS DE ARTE CADA VEZ MAIS INTERESSANTES.

VIAGEM PELO BRASIL

ESTA SEÇÃO TRAZ FESTAS E OUTRAS COISAS INTERESSANTES QUE ACONTECEM NO BRASIL. ASSIM, VOCÊ E SUA TURMA PODEM APRENDER SE DIVERTINDO.

EXTRA, EXTRA!

NO FINAL DE CADA UNIDADE, VOCÊ ENCONTRA DICAS DE LIVROS, FILMES, *SITES* E LUGARES PARA AMPLIAR SEU CONHECIMENTO EM ARTE.

SUMÁRIO

Cesar Diniz/Pulsar Imagens

Rita Barreto/Acervo da fotógrafa

UNIDADE 1

A ARTE DE FESTEJAR 8

UNIDADE 2

UM EXPLOSÃO DE CORES E FORMAS 32

A ARTE DE FESTEJAR

NO BRASIL, TEMOS O COSTUME DE FESTEJAR MUITO! COMEMORAMOS O FINAL DE UM ANO E A CHEGADA DE OUTRO, O NOSSO ANIVERSÁRIO, AS FESTAS TÍPICAS DO LUGAR EM QUE VIVEMOS, NOVOS ACONTECIMENTOS E MUITAS OUTRAS COISAS.

OBSERVE AS IMAGENS A SEGUIR.

MÃE E FILHA DURANTE FESTA DE IEMANJÁ EM SALVADOR, BAHIA, 2010.

CRIANÇAS EM FESTA DE ANIVERSÁRIO NA ALDEIA GUARANI-KAIOWÁ DE AMAMBAI, MATO GROSSO DO SUL, 2012.

Cesar Diniz/Pulsar Imagens

CRIANÇAS USANDO MÁSCARAS PARA BRINCAR O CARNAVAL EM SÃO LUIZ DO PARAITINGA, SÃO PAULO, 2012.

Cesar Duarte/Tyba

CRIANÇAS DANÇANDO NA FESTA DO DIVINO EM PIRENÓPOLIS, GOIÁS, 2012.

QUANDO FESTEJAMOS, ENTRAMOS EM CONTATO COM A MÚSICA, A DANÇA, O TEATRO, AS FANTASIAS, ENFIM, COM MUITAS ARTES!

NESTA UNIDADE, VOCÊ VAI CONHECER ARTISTAS BRASILEIROS QUE, COM MUITA CRIATIVIDADE, NOS MOSTRAM COMO A ARTE DEIXA TUDO MAIS DIVERTIDO!

CAPÍTULO 1

MÚSICA PARA ANIMAR

VOCÊ JÁ BRINCOU DE INVENTAR CANÇÕES?

IMAGINE COMO SERIA CRIAR UMA CANÇÃO QUE FICASSE CONHECIDA NO BRASIL INTEIRO!

QUER VER UM EXEMPLO? ACOMPANHE A LEITURA DO PROFESSOR.

Ó ABRE ALAS

Ó ABRE ALAS
QUE EU QUERO PASSAR
Ó ABRE ALAS
QUE EU QUERO PASSAR
EU SOU DA LIRA
NÃO POSSO NEGAR
EU SOU DA LIRA
NÃO POSSO NEGAR

ALGUMAS CANÇÕES FORAM CRIADAS FAZ MUITO TEMPO E SÃO UM SUCESSO ATÉ HOJE!

É O CASO DA CANÇÃO "Ó ABRE ALAS". VOCÊ JÁ OUVIU ESSA CANÇÃO?

AGORA, QUE TAL CANTAR ESSA CANÇÃO COM O PROFESSOR E OS COLEGAS ANTES DE DESCOBRIR UM POUCO MAIS SOBRE ELA?

Ó ABRE ALAS
QUE EU QUERO PASSAR
Ó ABRE ALAS
QUE EU QUERO PASSAR
ROSA DE OURO
É QUE VAI GANHAR
ROSA DE OURO
É QUE VAI GANHAR

Ó ABRE ALAS, DE CHIQUINHA GONZAGA, 1899.

AGORA, CONVERSE COM OS COLEGAS E O PROFESSOR:

1. O QUE VOCÊ ACHA QUE SIGNIFICA **ABRE ALAS**?

2. E O QUE QUER DIZER **LIRA**?

3. SOBRE O QUE A CANÇÃO "Ó ABRE ALAS" FALA?

4. EM SUA OPINIÃO, POR QUE ESSA CANÇÃO FICOU CONHECIDA EM TODO O BRASIL?

AidaCassAID/BR

A CANÇÃO "Ó ABRE ALAS" FOI CRIADA, FAZ MUITO TEMPO, POR FRANCISCA EDWIGES NEVES GONZAGA (1847-1935), CONHECIDA COMO CHIQUINHA GONZAGA.

CHIQUINHA GONZAGA, EM 1877.

ESSA MÚSICA FICOU MUITO CONHECIDA PORQUE FOI A PRIMEIRA MARCHINHA DE CARNAVAL! ANTES DELA, O CARNAVAL ERA ANIMADO POR TODO TIPO DE MÚSICA. ATÉ MARCHAS E CANTIGAS DE RODA ERAM TOCADAS NAS FESTAS.

CHIQUINHA GONZAGA SE INSPIROU NESSAS MARCHAS E CRIOU UMA MÚSICA DIFERENTE PARA ANIMAR AS FESTAS DE CARNAVAL.

MARCHA: MÚSICA TOCADA POR BANDAS MILITARES PARA AS PESSOAS ANDAREM DE FORMA ORGANIZADA, BATENDO OS PÉS E BALANÇANDO AS MÃOS AO MESMO TEMPO.

FOI UM SUCESSO! E AS MARCHINHAS LOGO SE MULTIPLICARAM. HOJE EXISTEM MUITAS MARCHAS BASTANTE CONHECIDAS. ELAS SÃO CANTADAS EM BAILES DE SALÃO E DESFILES DE RUA. VOCÊ CONHECE ALGUMA MARCHINHA DE CARNAVAL?

ADULTOS E CRIANÇAS SE DIVERTINDO EM BAILE DE SALÃO EM GOIÂNIA, GOIÁS, 2017.

CHIQUINHA GONZAGA CRIOU "Ó ABRE ALAS" EM HOMENAGEM AO CORDÃO ROSA DE OURO: UM CORDÃO CARNAVALESCO DO BAIRRO DE ANDARAÍ, NO RIO DE JANEIRO, ONDE ELA MORAVA.

CORDÃO CARNAVALESCO: GRUPO DE PESSOAS QUE, NO CARNAVAL, DESFILAM EM FILA PELAS RUAS MANTENDO O MESMO RITMO.

COM O PASSAR DO TEMPO, ESSA CANÇÃO FICOU TÃO CONHECIDA QUE É TOCADA E CANTADA NOS CARNAVAIS ATÉ OS DIAS DE HOJE!

Doug Patrício/Brazil Photo Press/Folhapress

DESFILE DE CARNAVAL EM BELO HORIZONTE, MINAS GERAIS, 2017.

ALÉM DISSO, FOI COM "Ó ABRE ALAS" QUE CHIQUINHA GONZAGA FICOU CONHECIDA NO BRASIL INTEIRO. MAS VOCÊ SABIA QUE ELA COMEÇOU A ESCREVER MÚSICA QUANDO AINDA ERA CRIANÇA?

É ISSO MESMO! CHIQUINHA GONZAGA COMPÔS SUA PRIMEIRA CANÇÃO COM APENAS 11 ANOS DE IDADE!

CHIQUINHA GONZAGA ESTUDOU E TRABALHOU MUITO PARA CONQUISTAR SEU ESPAÇO NA MÚSICA. ELA CONSEGUIU PRODUZIR MUITAS CANÇÕES EM UMA ÉPOCA EM QUE AS PESSOAS NÃO ACEITAVAM QUE AS MULHERES REALIZASSEM ALGUNS TIPOS DE TRABALHO.

APESAR DISSO, CHIQUINHA GONZAGA CONQUISTOU TANTO RECONHECIMENTO QUE O DIA NACIONAL DA MÚSICA POPULAR BRASILEIRA É COMEMORADO NO DIA DO ANIVERSÁRIO DELA: 17 DE OUTUBRO.

VOCÊ CONHECEU A MARCHINHA DE CARNAVAL "Ó ABRE ALAS". MAS DE ONDE SERÁ QUE VEM O NOME **MARCHINHA**?

AS MARCHINHAS DE CARNAVAL TÊM ESSE NOME PORQUE FORAM INSPIRADAS NAS MARCHAS MILITARES. AO SOM DELAS, AS PESSOAS DESFILAM NO MESMO RITMO.

PARA ENTENDER ISSO MELHOR, OBSERVE ESTA IMAGEM.

Cesar Diniz/Pulsar Imagens

APRESENTAÇÃO DA FANFARRA INFANTIL DE ITABERABA, BAHIA, 2014.

A IMAGEM MOSTRA CRIANÇAS DA CIDADE DE ITABERABA, NA BAHIA. ELAS ESTÃO MARCHANDO E TOCANDO INSTRUMENTOS MUSICAIS.

ESSAS CRIANÇAS FAZEM PARTE DE UMA **FANFARRA**, ISTO É, UM GRUPO DE PESSOAS QUE TOCAM INSTRUMENTOS MUSICAIS E SE APRESENTAM MARCHANDO PELAS RUAS.

REPARE NAS CRIANÇAS: ELAS ESTÃO PISANDO COM O MESMO PÉ, AO MESMO TEMPO. É ASSIM QUE SE MARCHA!

NO BRASIL, MUITAS ESCOLAS TÊM FANFARRAS. A SUA ESCOLA TEM UMA?

- AGORA É HORA DE BRINCAR DE MARCHAR! COM A TURMA TODA, SIGA AS ORIENTAÇÕES.

1. CANTE COM OS COLEGAS A CANÇÃO "MARCHA, SOLDADO" ALGUMAS VEZES.

MARCHA, SOL**DA**DO,
CA**BE**ÇA DE PA**PEL**.
QUEM **NÃO** MARCHAR DI**REI**TO,
VAI **PRE**SO PRO QUAR**TEL**!
O QUAR**TEL** PEGOU **FO**GO,
FRAN**CIS**CO DEU O SI**NAL**.
A**CO**DE, A**CO**DE, A**CO**DE
A BAN**DEI**RA NACIO**NAL**!

DOMÍNIO PÚBLICO.

2. AGORA, CANTE A CANÇÃO BATENDO PALMA NAS PARTES QUE ESTÃO DESTACADAS.

3. PARA TREINAR MAIS, EXPERIMENTE CANTAR BATENDO OS PÉS NAS PARTES DESTACADAS DA CANÇÃO.

4. AGORA, CANTE E MARCHE AO MESMO TEMPO, MARCANDO A MÚSICA COM O PÉ DIREITO NAS PARTES DESTACADAS.

🗨 RODA DE CONVERSA

DEPOIS DE EXPERIMENTAR CANTAR E MARCHAR AO MESMO TEMPO, CONVERSE COM OS COLEGAS E O PROFESSOR:

1. FOI DIFÍCIL CANTAR E BATER PALMA NO TEMPO CERTO?

2. VOCÊ ACHOU DIFÍCIL CANTAR E BATER O PÉ DIREITO NO CHÃO?

3. O QUE VOCÊ ACHOU DE CANTAR E MARCHAR COM TODA A TURMA?

AS MARCHINHAS DE CARNAVAL SÃO UMA TRADIÇÃO NO BRASIL, MAS A FESTA DE CARNAVAL ACONTECE EM MUITOS LUGARES DO MUNDO.

OBSERVE ESTAS IMAGENS.

Rolf Vennenbernd/dpa Picture-Alliance/AFP

FOLIÕES SE DIVERTINDO NO CARNAVAL EM COLÔNIA, ALEMANHA, 2017.

Erika Goldring/Getty Images

CARROS ALEGÓRICOS FAZEM PARTE DO CARNAVAL DE NOVA ORLEANS, ESTADOS UNIDOS, 2017.

DESFILE INFANTIL É DESTAQUE NO CARNAVAL DE PORT OF SPAIN, TRINIDAD E TOBAGO, 2013.

BLOCO CARNAVALESCO DESFILANDO PELAS RUAS DE MONTEVIDÉU, URUGUAI, 2016.

O QUE VOCÊ ACHA QUE ESSAS IMAGENS TÊM EM COMUM? VOCÊ CONSEGUE IDENTIFICAR CORES EM TODAS ELAS?

ALÉM DA ALEGRIA, O CARNAVAL NO MUNDO TODO É MARCADO PELAS CORES!

 **ATELIÊ**

LISTA DE MATERIAL

- PAPEL SULFITE
- JORNAIS E REVISTAS
- COLA
- LANTEJOULA E PURPURINA DE VÁRIAS CORES
- TESOURA COM PONTAS ARREDONDADAS

- VOCÊ VIU QUE NO CARNAVAL TEM MUITAS CORES! ENTÃO, QUE TAL FAZER UM TRABALHO DE ARTE BEM COLORIDO PARA REPRESENTAR O CARNAVAL NO BRASIL E NO MUNDO?

1. RECORTE DE JORNAIS E REVISTAS ALGUMAS TIRAS DE PAPEL E ALGUNS CÍRCULOS DE DIFERENTES TAMANHOS.

2. COLE, NO PAPEL SULFITE, AS TIRAS E OS CÍRCULOS RECORTADOS, FAZENDO UMA COMPOSIÇÃO BEM COLORIDA.

3. PARA TERMINAR, ENFEITE SEU TRABALHO COM LANTEJOULAS E PURPURINAS, USANDO DIFERENTES CORES!

Pedro Hamdan/ID/BR

RODA DE CONVERSA

AGORA, FIXE SEU TRABALHO NO MURAL DA SALA DE AULA E CONVERSE COM OS COLEGAS E O PROFESSOR:

1. VOCÊ CONSEGUE IDENTIFICAR AS TIRAS E OS CÍRCULOS NOS TRABALHOS DA TURMA?

2. QUAIS TRABALHOS TÊM MAIS TIRAS? QUAIS TÊM MAIS CÍRCULOS?

3. ESSES ELEMENTOS SE PARECEM COM LINHAS E PONTOS?

4. JUNTOS, ESSES ELEMENTOS FORMAM ALGUMA FIGURA?

VAMOS COMPARTILHAR

NESTE CAPÍTULO, VOCÊ E OS COLEGAS CONHECERAM UM POUCO MAIS O CARNAVAL. COMPARTILHE COM A TURMA SUAS IMPRESSÕES SOBRE O QUE VOCÊS ESTUDARAM.

1. O QUE VOCÊ VIU NA ABERTURA DESTE CAPÍTULO?

2. POR QUE A MARCHINHA "Ó ABRE ALAS" É IMPORTANTE?

3. O QUE VOCÊ VIU NA SEÇÃO *DESCOBERTAS*?

4. O QUE VOCÊ VIU NA SEÇÃO *EM CENA*?

5. QUAL FOI A PROPOSTA DA SEÇÃO *VEJA QUE INTERESSANTE*?

6. O QUE VOCÊ EXPERIMENTOU FAZER NA SEÇÃO *ATELIÊ*?

AGORA, QUE TAL CANTAR E DANÇAR A CANÇÃO "Ó ABRE ALAS" COM OS COLEGAS, COMO SE VOCÊS ESTIVESSEM EM UMA FESTA DE CARNAVAL?

PARA ISSO, AFASTE MESAS E CADEIRAS, DEIXANDO UM ESPAÇO LIVRE. COMBINE A CANTORIA E A DANÇA COM OS COLEGAS. BOA DIVERSÃO!

Pedro Hamdan/ID/BR

RISQUE, RABISQUE, INVENTE!

VOCÊ PROVAVELMENTE JÁ FEZ MUITOS DESENHOS NA VIDA, CERTO? MAS VOCÊ JÁ PAROU PARA PENSAR NOS ELEMENTOS QUE FORMAM OS DESENHOS?

OBSERVE A IMAGEM A SEGUIR.

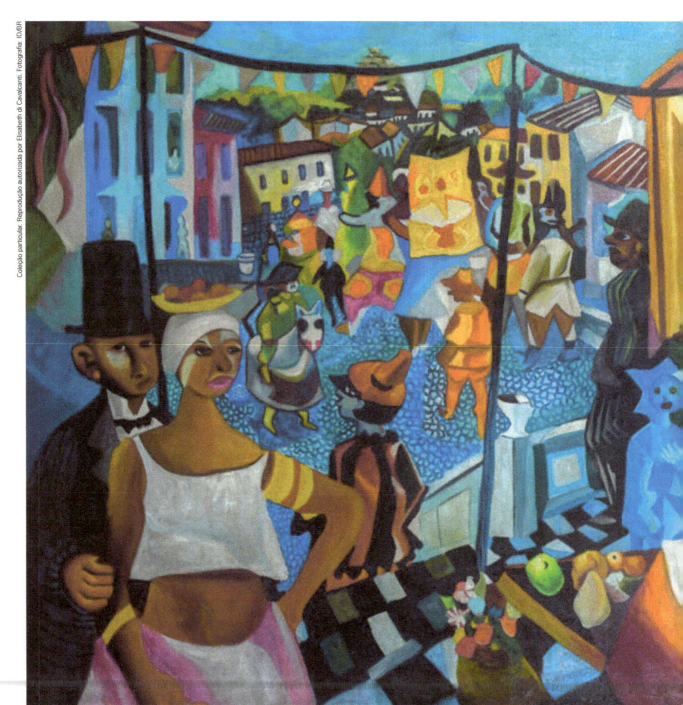

Coleção particular. Reprodução autorizada por Elisabeth di Cavalcanti. Fotografia: ID/BR

UM DESENHO, ASSIM COMO UMA PINTURA, É FORMADO POR MUITOS ELEMENTOS. OS PONTOS, AS LINHAS E AS FORMAS SÃO USADOS PELOS ARTISTAS PARA CRIAR DIVERSOS OBJETOS DE ARTE. COM MUITA CRIATIVIDADE, ELES TRANSFORMAM ESSES ELEMENTOS EM ARTE.

OBSERVE MAIS UMA VEZ A PINTURA *CARNAVAL II*. TENTE PERCEBER COMO ESSES ELEMENTOS APARECEM NESSE TRABALHO.

AGORA, CONVERSE COM O PROFESSOR E OS COLEGAS:

1. O QUE VOCÊ VÊ NESSA IMAGEM?
2. VOCÊ IDENTIFICA PONTOS NESSA PINTURA? EM QUE PARTE DELA?
3. COMO O ARTISTA USOU AS LINHAS E AS CORES NESSE TRABALHO?
4. QUE FORMAS VOCÊ RECONHECE NESSA PINTURA?
5. POR ONDE VOCÊ ACHA QUE O ARTISTA COMEÇOU A FAZER ESSA PINTURA?
6. VOCÊ JÁ VIU OU VIVENCIOU UMA CENA COMO ESSA? ONDE?
7. O QUE VOCÊ ACHA QUE ESSA PINTURA REPRESENTA?

CARNAVAL II, 1965, DE DI CAVALCANTI. ÓLEO SOBRE TELA, 114 cm × 146 cm.

A PINTURA QUE VOCÊ CONHECEU FOI CRIADA, FAZ MUITO TEMPO, PELO ARTISTA BRASILEIRO DI CAVALCANTI (1897-1976).

DI CAVALCANTI EM 1974.

NASCIDO NA CIDADE DO RIO DE JANEIRO, DI CAVALCANTI FOI UM DOS PRIMEIROS ARTISTAS DO BRASIL A SE PREOCUPAR EM REPRESENTAR, EM SEUS TRABALHOS, PARTE IMPORTANTE DA NOSSA CULTURA, COMO AS FESTAS TRADICIONAIS DO PAÍS.

OBSERVE DE NOVO A IMAGEM DE *CARNAVAL II*.

CARNAVAL II, 1965, DE DI CAVALCANTI. ÓLEO SOBRE TELA, 114 cm × 146 cm.

PARA FAZER ESSA PINTURA, DI CAVALCANTI USOU A IMAGINAÇÃO E TRANSFORMOU PONTOS, LINHAS E FORMAS EM UMA CENA QUE MOSTRA UM CARNAVAL DE RUA!

NESSA PINTURA, VOCÊ IDENTIFICA ELEMENTOS DO CARNAVAL? E O QUE VOCÊ SABE SOBRE ESSA FESTA?

VOCÊ VIU QUE, PARA FAZER DESENHOS OU PINTURAS, USAMOS ALGUNS ELEMENTOS BÁSICOS, COMO PONTOS, LINHAS E FORMAS.

QUANDO DESENHAMOS, COMEÇAMOS ENCOSTANDO A PONTA DO LÁPIS, DO GIZ OU DE OUTRO MATERIAL EM UMA FOLHA DE PAPEL. FAZENDO ISSO, CRIAMOS UM PONTO.

QUANDO MOVIMENTAMOS O LÁPIS OU OUTRO MATERIAL SOBRE A FOLHA, CRIAMOS UMA LINHA.

Ilustrações: Alda Cass/ID/BR

AGORA, QUANDO ESSA LINHA SE DOBRA OU FAZ UMA CURVA EM SI MESMA E SE FECHA, TEMOS UMA FORMA. PODE SER UM CÍRCULO, UM QUADRADO, UM RETÂNGULO, UM TRIÂNGULO OU QUALQUER OUTRA FORMA QUE QUISERMOS.

PARA CRIAR UM TRABALHO DE ARTE, COMO UM DESENHO OU UMA PINTURA, NÃO BASTA SABER FAZER PONTOS, LINHAS OU FORMAS. É PRECISO TAMBÉM TER MUITA IMAGINAÇÃO!

 # ATELIÊ

LISTA DE MATERIAL

- GIZ DE CERA PRETO
- GIZ DE CERA COLORIDO
- LÁPIS DE COR COLORIDO
- PAPEL SULFITE

- AGORA CHEGOU A HORA DE USAR SUA IMAGINAÇÃO! PRESTE ATENÇÃO NAS ORIENTAÇÕES.

1. O PROFESSOR VAI FAZER UM RISCO E UM RABISCO EM VÁRIAS FOLHAS DE PAPEL SULFITE. DEPOIS, ELE VAI ENTREGAR UMA FOLHA A CADA UM DE VOCÊS.

2. OBSERVE O RISCO E O RABISCO QUE ELE FEZ, VIRANDO A FOLHA NAS QUATRO POSIÇÕES: EM PÉ, DE PONTA-CABEÇA, PARA A DIREITA E PARA A ESQUERDA.

3. ESCOLHA UMA POSIÇÃO EM QUE PAREÇA POSSÍVEL FAZER UM DESENHO A PARTIR DO RISCO E DO RABISCO E COMPLETE O DESENHO COM GIZ DE CERA PRETO.

4. POR ÚLTIMO, PINTE O FUNDO COM LÁPIS DE COR. A PÁGINA INTEIRA DEVE FICAR BEM CHEIA, SEM ESPAÇOS EM BRANCO!

Pedro Hamdan/ID/BR

 ## RODA DE CONVERSA

AGORA, EM CÍRCULO COM TODA A TURMA, MOSTRE O DESENHO QUE VOCÊ FEZ E OBSERVE OS DESENHOS DOS COLEGAS. DEPOIS, RESPONDA:

1. EM QUAIS TRABALHOS DA TURMA O RISCO E O RABISCO FEITOS PELO PROFESSOR APARECEM MAIS?

2. VOCÊ CONSEGUE RECONHECER PONTOS E LINHAS NOS DESENHOS QUE VOCÊS FIZERAM?

3. QUE FORMAS VOCÊ CONSEGUE RECONHECER NOS DESENHOS?

4. QUAL TRABALHO MAIS CHAMOU SUA ATENÇÃO? POR QUÊ?

 **EM CENA**

- VAMOS DESCOBRIR COMO USAR PONTOS E LINHAS PARA ESCREVER UMA MÚSICA? PARA ISSO, FORME UM GRANDE GRUPO COM TODA A TURMA E SIGA AS ORIENTAÇÕES.

1. COM O PROFESSOR, REPRODUZAM O SEGUINTE TRECHO DE UMA MÚSICA MUITO CONHECIDA:

TÃ – TÃ – TÃ – TÃÃÃÃ
TÃ – TÃ – TÃ – TÃÃÃÃ

2. NESSE TRECHO, EXISTEM DIFERENTES SONS: CURTOS, LONGOS, FORTES E FRACOS. PENSEM EM COMO VOCÊS REPRESENTARIAM ESSES SONS USANDO APENAS PONTOS E LINHAS DE TAMANHOS VARIADOS.

3. O PROFESSOR VAI ESCREVER NA LOUSA A REPRESENTAÇÃO QUE VOCÊS FIZERAM DESSE TRECHO DA MÚSICA, COM PONTOS E LINHAS.

4. QUANDO O PROFESSOR APONTAR PARA CADA PARTE DA REPRESENTAÇÃO, VOCÊS DEVERÃO REPRODUZIR JUNTOS O SOM CORRESPONDENTE.

Pedro Hamdan/ID/BR

 RODA DE CONVERSA

DEPOIS DE REALIZAR A ATIVIDADE, CONVERSE COM OS COLEGAS:

1. COMO FOI REPRESENTAR OS SONS USANDO PONTOS E LINHAS?

2. VOCÊ CONSEGUIU RECONHECER OS DIFERENTES SONS POR MEIO DA REPRESENTAÇÃO QUE VOCÊS FIZERAM?

3. DE QUE PARTE DA ATIVIDADE VOCÊ MAIS GOSTOU? POR QUÊ?

VEJA QUE INTERESSANTE

O SOM QUE VOCÊS ACABARAM DE REPRESENTAR COM LINHAS E PONTOS É UM TRECHO DA *5ª SINFONIA*. ELA FOI COMPOSTA NO INÍCIO DO SÉCULO 19 PELO MÚSICO LUDWIG VAN BEETHOVEN (1770-1827).

BEETHOVEN NASCEU EM UM PAÍS MUITO LONGE DO BRASIL, A ALEMANHA. MAS SUAS MÚSICAS SÃO BASTANTE CONHECIDAS NO MUNDO INTEIRO.

VAMOS VER COMO ELE ESCREVEU A *5ª SINFONIA* EM UMA PARTITURA?

> PARTITURA: REGISTRO DA MÚSICA NO PAPEL POR MEIO DE SÍMBOLOS PRÓPRIOS.

REPRODUÇÃO DE PARTITURA DA *5ª SINFONIA* DE BEETHOVEN.

NESTE CAPÍTULO, VOCÊ PERCORREU UM CAMINHO CHEIO DE PONTOS, LINHAS, FORMAS E MUITA CRIATIVIDADE.

VAMOS RECORDAR O QUE FOI VISTO, CONVERSANDO COM OS COLEGAS E O PROFESSOR?

1. QUAL ARTISTA VOCÊ CONHECEU NO INÍCIO DESTE CAPÍTULO?

2. AO OBSERVAR UMA PINTURA DESSE ARTISTA, O QUE VOCÊ DESCOBRIU SOBRE A IMPORTÂNCIA DOS PONTOS E DAS LINHAS EM UM TRABALHO DE ARTE?

3. NA SEÇÃO *ATELIÊ*, QUAIS FORAM OS DOIS DESAFIOS QUE VOCÊ ENFRENTOU PARA REALIZAR SEU DESENHO?

4. QUE ATIVIDADE VOCÊS FIZERAM NA SEÇÃO *EM CENA*?

5. E O QUE VOCÊS FIZERAM NA SEÇÃO *VEJA QUE INTERESSANTE*?

6. O QUE VOCÊ MAIS GOSTOU DE ESTUDAR NESTE CAPÍTULO?

PARA FINALIZAR, QUE TAL CRIAR REGISTROS PARA UMA MÚSICA DE CARNAVAL? COM O PROFESSOR E OS COLEGAS, ESCOLHA UMA MÚSICA CARNAVALESCA. DEPOIS, USANDO PONTOS, LINHAS E FORMAS, INVENTE UM JEITO DE REGISTRAR ESSA MÚSICA! USE O ESPAÇO ABAIXO.

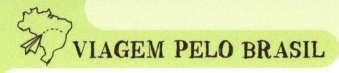

NO INÍCIO DESTA UNIDADE, VOCÊ VIU QUE O CARNAVAL NO BRASIL É MARCADO PELAS MARCHINHAS. ESSA TRADIÇÃO COMEÇOU QUANDO CHIQUINHA GONZAGA CRIOU A PRIMEIRA MARCHINHA DE CARNAVAL: "Ó ABRE ALAS".

A TRADIÇÃO DAS MARCHINHAS ESTÁ LIGADA A OUTRO COSTUME DO CARNAVAL QUE TAMBÉM PODE SER VISTO EM MUITAS CIDADES DO BRASIL: O DESFILE DE CORDÕES CARNAVALESCOS PELAS RUAS.

UM DOS CORDÕES MAIS ANTIGOS DO BRASIL É O CORDÃO DA BOLA PRETA. ELE FOI CRIADO EM 1918 E ATÉ HOJE DESFILA PELAS RUAS DA CIDADE DO RIO DE JANEIRO NO CARNAVAL, TOCANDO MARCHINHAS TRADICIONAIS.

INTEGRANTES DO CORDÃO DA BOLA PRETA, EM 1936, COM O SÍMBOLO DO CORDÃO: A BOLA PRETA.

IMAGEM DE 2016 MOSTRA QUE O CORDÃO DA BOLA PRETA CONTINUA FAZENDO SUCESSO.

AGORA QUE VOCÊ CONHECEU O CORDÃO DA BOLA PRETA, VOCÊ E OS COLEGAS VÃO FAZER, COM A AJUDA DO PROFESSOR, UM DESFILE DE CORDÕES DE CARNAVAL PELA ESCOLA.

A TURMA SERÁ ORGANIZADA EM DOIS GRUPOS: **O CORDÃO DA LINHA PRETA** E **O CORDÃO DAS BOLINHAS COLORIDAS!**

PRIMEIRO, VOCÊS VÃO FAZER AS FANTASIAS DOS INTEGRANTES DE CADA CORDÃO.

QUEM FOR DO CORDÃO DA LINHA PRETA DEVE SEGUIR ESTAS ORIENTAÇÕES:

1. RECORTE A CARTOLINA BRANCA EM TIRAS, COMO SE FOSSEM CINTOS.

2. PINTE LINHAS PRETAS NAS TIRAS. USE A CRIATIVIDADE, MAS FAÇA APENAS LINHAS!

3. LEMBRE-SE: VOCÊ PODE FAZER LINHAS CURVAS E LINHAS RETAS.

4. COLE AS PONTAS DE CADA TIRA, FORMANDO COLARES BEM GRANDES.

5. USE OS COLARES NO PESCOÇO OU NOS BRAÇOS.

Pedro Hamdan/ID/BR

E QUEM FOR DO CORDÃO DAS BOLAS COLORIDAS DEVE SEGUIR ESTES PASSOS:

1. DOBRE CADA FOLHA DE JORNAL AO MEIO.

2. COM A TESOURA, RECORTE UM SEMICÍRCULO NO CENTRO DE CADA FOLHA DE JORNAL. ELE DEVE TER TAMANHO SUFICIENTE PARA PASSAR PELA SUA CABEÇA.

LISTA DE MATERIAL

- FOLHAS DE JORNAL
- TESOURA COM PONTAS ARREDONDADAS
- TINTAS GUACHE DE VÁRIAS CORES

3. DEPOIS, ABRA A FOLHA DE JORNAL.

4. PINTE BOLAS COM DIFERENTES CORES EM TODA A SUPERFÍCIE DA FOLHA. LEMBRE-SE: AS BOLAS PODEM SER GRANDES, PEQUENAS, VAZADAS. ELAS PODEM SER DO JEITO QUE VOCÊ QUISER!

AidaCass/ID

5. VISTA A FOLHA DE JORNAL COMO SE FOSSE UMA FANTASIA!

TUDO PRONTO! É HORA DE DESFILAR PELA ESCOLA, CANTANDO A PRIMEIRA MARCHINHA CARNAVALESCA: "Ó ABRE ALAS", DE CHIQUINHA GONZAGA.

MAS TEM UM DETALHE! NO LUGAR DE CANTAR "ROSA DE OURO É QUE VAI GANHAR", CADA GRUPO DEVERÁ FALAR O NOME DO CORDÃO AO QUAL PERTENCE. POR EXEMPLO: "O LINHA PRETA É QUEM VAI GANHAR!".

AGORA É SÓ DESFILAR!

LIVROS

LINHAS E BOLINHAS, ESCRITO E ILUSTRADO POR ÉMILE JADOUL. COMPANHIA DAS LETRINHAS.

NESSE LIVRO, VOCÊ VAI VER QUE OS ANIMAIS TAMBÉM TÊM LINHAS E PONTOS, ALÉM DE MUITAS CORES. ASSIM, É POSSÍVEL APRENDER ARTE SE DIVERTINDO!

PONTO & LINHA, DE MILA BEHRENDT. ILUSTRAÇÃO DE GRAÇA LIMA. EDITORA CORTEZ.

ESSE LIVRO CONTA VÁRIAS HISTÓRIAS DIVERTIDAS QUE ENVOLVEM PONTOS E LINHAS, ALÉM DE APRESENTAR TEXTOS E IMAGENS QUE LEVAM ADULTOS E CRIANÇAS A PENSAR SOBRE A BELEZA DA VIDA.

MÚSICA

SASSARICANDO: E O RIO INVENTOU A MARCHINHA. CD DE VÁRIOS ARTISTAS. BISCOITO FINO.

NESSE CD VOCÊ ENCONTRA DIVERSAS MARCHINHAS DE CARNAVAL CANTADAS POR DIFERENTES ARTISTAS PARA ANIMAR A SUA FESTA.

VISITAÇÃO: MUSEU DA IMAGEM E DO SOM DO RIO DE JANEIRO

NA CIDADE DO RIO DE JANEIRO, EXISTE O MUSEU DA IMAGEM E DO SOM. LÁ PODEMOS APRENDER MAIS SOBRE AS MARCHINHAS E SOBRE O CARNAVAL, UMA DAS FESTAS MAIS IMPORTANTES DO BRASIL. SE NA CIDADE ONDE VOCÊ VIVE TIVER UM ESPAÇO COMO ESSE, COMBINE UMA VISITA COM O PROFESSOR.

UNIDADE 2

UMA EXPLOSÃO DE CORES E FORMAS

NESTE LIVRO, VOCÊ JÁ BRINCOU COM LINHAS, BOLINHAS, RISCOS E RABISCOS. ALÉM DISSO, EXPERIMENTOU CRIAR FORMAS E USAR O PRETO, O BRANCO E OUTRAS CORES.

SE VOCÊ OLHAR AO REDOR, VAI PERCEBER QUE O MUNDO É CHEIO DESSES ELEMENTOS: PONTOS, LINHAS, FORMAS E CORES.

QUAIS FORMAS VOCÊ CONHECE? E DE QUE CORES VOCÊ MAIS GOSTA?

OBSERVE AS IMAGENS A SEGUIR.

Luciana Whitaker/Pulsar Imagens

QUE GOSTOSO NADAR NO AZUL DESSA PISCINA!

Hans Von Manteuffel/Pulsar Imagens

FRUTAS DE FORMAS E CORES VARIADAS ALEGRANDO A FEIRA.

Fabio Colombini/Acervo do Fotógrafo

OBSERVE AS
BELAS CORES
DO PASSARINHO.

Luciana Whitaker/Pulsar Imagens

E REPARE
NAS CORES E NAS
FORMAS DESSA
SALA DE AULA.

NESTA UNIDADE, VAMOS CONHECER ARTISTAS QUE BRINCAM
COM FORMAS E CORES PARA CRIAR OBJETOS DE ARTE.

ASSIM, ELES NOS MOSTRAM QUE TUDO É POSSÍVEL COM ARTE!

VOCÊ JÁ SABE QUE AS CORES ESTÃO POR TODA PARTE! QUE CORES ESTÃO AO SEU REDOR?

E NA IMAGEM ABAIXO, QUE CORES VOCÊ CONSEGUE IDENTIFICAR?

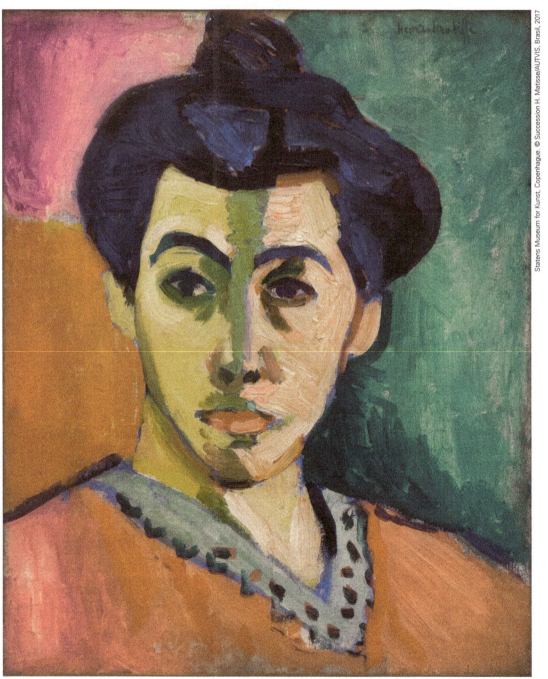

RETRATO DE MADAME MATISSE, A LINHA VERDE, 1905, DE HENRI MATISSE. ÓLEO E TÊMPERA SOBRE TELA, 40 cm × 32 cm.

ALGUNS ARTISTAS USAM E ABUSAM DAS CORES PARA CRIAR SEUS TRABALHOS. E A COR É UM DOS PRIMEIROS ELEMENTOS QUE PERCEBEMOS EM UMA PINTURA.

OBSERVE NOVAMENTE A PINTURA. AGORA, PRESTE ATENÇÃO EM TODOS OS DETALHES DELA.

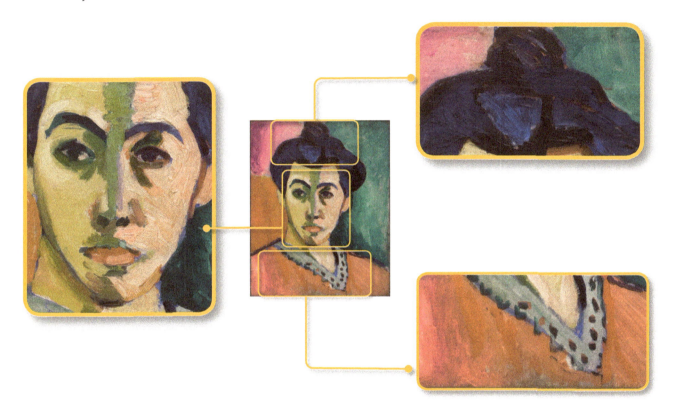

DEPOIS DE OBSERVAR A PINTURA, RESPONDA ÀS PERGUNTAS:

1. O QUE VOCÊ VÊ NA IMAGEM?

2. O QUE A MULHER ESTÁ FAZENDO?

3. QUAIS CORES VOCÊ VÊ NESSE RETRATO?

4. QUAL DAS CORES MAIS SE DESTACA?

5. DE QUE COR É A ROUPA DA MULHER?

6. COMO É O FUNDO DESSA PINTURA?

7. VOCÊ ACHA QUE MATISSE PINTOU A ESPOSA COMO ELA ERA DE VERDADE? POR QUÊ?

DESCOBERTAS

A PINTURA QUE VOCÊ VIU NA PÁGINA ANTERIOR É DE HENRI MATISSE (1869-1954). ELE NASCEU NA FRANÇA E FICOU CONHECIDO POR EXPLORAR AS CORES DE VÁRIAS MANEIRAS EM SEUS OBJETOS DE ARTE.

CONHEÇA AGORA UMA HISTÓRIA MUITO INTERESSANTE SOBRE A PINTURA *A LINHA VERDE*:

MATISSE RECORTANDO PAPÉIS COLORIDOS EM SUA CASA, NA FRANÇA, 1947.

LOGO DEPOIS DE MATISSE TERMINAR *O RETRATO DE MADAME MATISSE, A LINHA VERDE*, UM AMIGO DELE ENTROU NO ATELIÊ, VIU A PINTURA E PERGUNTOU:

— MATISSE, JÁ PERCEBI QUE VOCÊ PINTOU UM RETRATO DA SUA MULHER.

— SIM, PINTEI. POR QUÊ? – CONFIRMOU O ARTISTA.

— VEJA, NÃO ENTENDI POR QUE VOCÊ PINTOU UMA LISTRA VERDE NO MEIO DO ROSTO DELA. CONHEÇO BEM A SUA MULHER, E ELA NÃO TEM LISTRA VERDE NO MEIO DO ROSTO NEM CABELO AZUL. VOCÊ PODE ME EXPLICAR O QUE ACONTECEU NESSA PINTURA?

MATISSE ENTÃO RESPONDEU:

— AMIGO, MINHA MULHER ESTÁ LÁ EM CASA. ESSE RETRATO É UMA PINTURA. EU SOU ARTISTA E FAÇO A PINTURA COMO EU QUERO, DA COR QUE EU QUERO, DO JEITO QUE EU QUERO.

RECONTADO PELAS AUTORAS.

SERÁ QUE VOCÊ ENTENDEU BEM O QUE MATISSE DISSE AO AMIGO?

EM OUTRAS PALAVRAS, ELE QUIS DIZER QUE A ARTE É DIFERENTE DA REALIDADE, OU SEJA, O ARTISTA PODE REPRESENTAR A REALIDADE DA MANEIRA QUE ELE PREFERIR.

OBSERVE AGORA OUTROS TRABALHOS DE MATISSE. TENTE DESCOBRIR O QUE ELE MAIS GOSTAVA DE FAZER.

ÍCARO, 1947, DE HENRI MATISSE. SERIGRAFIA FEITA DE RECORTES, 42 cm × 26 cm.

QUARTO VERMELHO (HARMONIA EM VERMELHO), 1908, HENRI MATISSE. ÓLEO SOBRE TELA, 180 cm × 221 cm.

VOCÊ OBSERVOU COM ATENÇÃO ESSAS PINTURAS DE MATISSE?

REFLITA SOBRE COMO MATISSE ADORAVA USAR CORES VARIADAS PARA PRODUZIR OBJETOS DE ARTE.

 **ATELIÊ**

VOCÊ JÁ COMPREENDEU QUE UM ARTISTA PODE FAZER OS OBJETOS DE ARTE DELE DO JEITO QUE QUISER.

COMO OS ARTISTAS, VOCÊ TAMBÉM PODE USAR AS CORES QUE QUISER EM SEUS TRABALHOS DE ARTE, MESMO QUE ELAS NÃO REPRESENTEM AS CORES DA VIDA REAL.

> **LISTA DE MATERIAL**
> - PAPEL-CARTÃO
> - LÁPIS PRETO
> - TINTA GUACHE DE DIVERSAS CORES

- QUE TAL FAZER UM RETRATO DO SEU JEITO?

1. O PROFESSOR VAI FICAR SENTADO DE FRENTE PARA A TURMA.

2. CADA ALUNO VAI FAZER O RETRATO DELE DO JEITO QUE QUISER.

3. DESENHE O ROSTO DELE COM LÁPIS PRETO, OCUPANDO A MAIOR PARTE DO PAPEL.

4. EM SEGUIDA, PINTE O ROSTO BEM COLORIDO COM TINTA GUACHE.

5. DEIXE O FUNDO EM BRANCO PARA O ROSTO FICAR BEM DESTACADO NESSE RETRATO.

AidaCass/ID/BR

 RODA DE CONVERSA

COM O PROFESSOR, PENDURE SEU OBJETO DE ARTE NA PAREDE DA SALA DE AULA. DEPOIS, CONVERSEM:

1. QUE CORES VOCÊ ESCOLHEU PARA O SEU TRABALHO? POR QUÊ?

2. ALGUÉM ESCOLHEU AS MESMAS CORES QUE VOCÊ?

3. QUAIS TRABALHOS CHAMARAM MAIS ATENÇÃO? POR QUÊ?

NO BRASIL, MUITOS ARTISTAS TAMBÉM SÃO CONHECIDOS POR EXPLORAR A DIVERSIDADE DE CORES NAS PRÓPRIAS PRODUÇÕES. UMA DESSAS ARTISTAS É ANITA MALFATTI (1889-1964).

NASCIDA NA CIDADE DE SÃO PAULO, ELA ESTUDOU PINTURA NA ALEMANHA E NOS ESTADOS UNIDOS. NESSES PAÍSES, ELA CONHECEU ARTISTAS QUE TINHAM IDEIAS NOVAS SOBRE ARTE.

QUANDO ANITA MALFATTI VOLTOU AO BRASIL, AS PINTURAS DELA CHOCARAM O PÚBLICO PORQUE AS PESSOAS ESTAVAM ACOSTUMADAS COM UM TIPO DE ARTE QUE IMITAVA A REALIDADE.

OBSERVE AO LADO *O HOMEM AMARELO*, QUE A ARTISTA PINTOU, EM 1916. O QUE VOCÊ PERCEBEU?

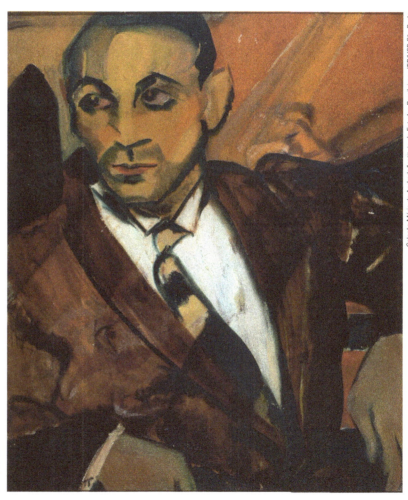

Coleção Mário de Andrade/Instituto de Estudos Brasileiros - IEB/USP, São Paulo

O HOMEM AMARELO, 1915-1916, DE ANITA MALFATTI. ÓLEO SOBRE TELA, 61 cm × 51 cm.

VOCÊ DEVE TER PERCEBIDO QUE ELA USOU AS MESMAS CORES PARA PINTAR A FIGURA E O FUNDO. MAS COMO A ARTISTA FEZ PARA DIFERENCIAR ESSES ELEMENTOS?

OBSERVE DE NOVO A IMAGEM E TENTE DESCOBRIR! DEPOIS, CONTE AOS COLEGAS E AO PROFESSOR.

EM CENA

● CHEGOU A HORA DE BRINCAR DE TEATRO! PARA ISSO, A TURMA DEVE SE ORGANIZAR EM DOIS GRUPOS. SIGA AS ORIENTAÇÕES ACOMPANHANDO A LEITURA DO PROFESSOR.

1. FORME DUPLA COM UM COLEGA DO OUTRO GRUPO: UM SERÁ A ESTÁTUA E O OUTRO VAI CONSTRUIR O CENÁRIO.

2. AQUELE QUE FIZER O CENÁRIO DEVE USAR PANOS DE VÁRIAS CORES E CRIAR UM ESPAÇO COLORIDO, COMO UM MUSEU.

3. O COLEGA QUE IMITAR AS ESTÁTUAS DEVE ENSAIAR UMA POSE.

4. QUANDO O PROFESSOR DER O AVISO, CADA ESTÁTUA DEVE ESCOLHER UM LUGAR PARA SE POSICIONAR. NO SEGUNDO AVISO, AS ESTÁTUAS NÃO PODEM MAIS SE MEXER!

5. NO TERCEIRO AVISO, A EQUIPE QUE MONTOU O CENÁRIO SERÁ UM GRUPO DE VISITANTES E VAI OBSERVAR AS ESTÁTUAS DO MUSEU.

6. DEPOIS, OS GRUPOS VÃO TROCAR DE PAPEL: AQUELE QUE FOI A ESTÁTUA VAI SER O VISITANTE. ASSIM TODOS PODEM PARTICIPAR!

Bruno Nunes/ID/BR

RODA DE CONVERSA

DEPOIS DA ATIVIDADE, CONVERSE COM O PROFESSOR E OS COLEGAS:

1. PARA QUE SERVIRAM OS PANOS COLORIDOS NESSA BRINCADEIRA?

2. NESSA BRINCADEIRA, O QUE REPRESENTOU FIGURA E FUNDO?

3. OS PANOS COLORIDOS AJUDARAM AS ESTÁTUAS A SE DESTACAR NA FRENTE, COMO AS FIGURAS DE UM QUADRO?

4. O QUE FOI MAIS DIFÍCIL DE FAZER? E O QUE FOI MAIS DIVERTIDO?

VAMOS COMPARTILHAR

VAMOS CONVERSAR SOBRE O QUE FIZEMOS ATÉ AGORA?

1. O QUE VOCÊ APRENDEU SOBRE O RETRATO DO PINTOR FRANCÊS HENRI MATISSE?

2. QUE CORES VOCÊ USOU PARA PRODUZIR O RETRATO DO PROFESSOR?

3. O QUE VOCÊ APRENDEU SOBRE A PINTURA *O HOMEM AMARELO*, DE ANITA MALFATTI?

4. VOCÊ TEVE ALGUMA DIFICULDADE NAS ATIVIDADES DESTE CAPÍTULO?

5. O QUE VOCÊ MAIS GOSTOU DE FAZER?

QUE TAL USAR AS CORES PARA MOSTRAR COMO VOCÊ ESTÁ SE SENTINDO AGORA?

CRIE UM DESENHO COM AS CORES QUE QUISER NO ESPAÇO ABAIXO. LEMBRE-SE DE DIFERENCIAR FIGURA DE FUNDO!

ARTE EM FORMA DE COMIDA

NO CAPÍTULO ANTERIOR, VOCÊ VIU QUE NA ARTE PODEMOS USAR AS CORES DO JEITO QUE QUISERMOS.

AGORA, VOCÊ VAI VER AS MANEIRAS COMO PODEMOS BRINCAR COM AS FORMAS PARA CRIAR ARTE.

OBSERVE A IMAGEM A SEGUIR.

Carl Warner/Anomaly NY/RESN Amsterdam

VOCÊ JÁ PERCEBEU QUE TUDO AO NOSSO REDOR TEM UMA FORMA? OBSERVE À SUA VOLTA. QUE FORMAS VOCÊ CONSEGUE NOTAR?

ALGUNS ARTISTAS SE INSPIRAM NAS FORMAS DOS OBJETOS E NAS FORMAS DOS ELEMENTOS DA NATUREZA PARA CRIAR OBJETOS DE ARTE MUITO INTERESSANTES.

OBSERVE MAIS UMA VEZ A IMAGEM E PRESTE BASTANTE ATENÇÃO NOS DETALHES.

PANERA FARM, SEM DATA, DE CARL WARNER.

AGORA, CONVERSE COM O PROFESSOR E OS COLEGAS:

1. O QUE VOCÊ RECONHECE NA IMAGEM?

2. O QUE MAIS CHAMA SUA ATENÇÃO NELA?

3. QUE FORMAS VOCÊ CONSEGUE IDENTIFICAR?

4. ESSA IMAGEM TEM ALGUMA COISA PARECIDA COM O LUGAR ONDE VOCÊ MORA?

5. O QUE VOCÊ ACHA QUE ESSA IMAGEM REPRESENTA?

FAZER ARTE É UM POUCO COMO COZINHAR: DÁ PARA CRIAR MUITA COISA COM ALGUNS ITENS E MUITA IMAGINAÇÃO!

POR EXEMPLO, A IMAGEM QUE VOCÊ ACABOU DE VER É DO ARTISTA E FOTÓGRAFO INGLÊS CARL WARNER (1963-).

ELE É CONHECIDO POR COMPOR PAISAGENS MUITO DIFERENTES EM SEUS OBJETOS DE ARTE USANDO PRINCIPALMENTE ALIMENTOS.

NESTE TRABALHO, ELE REPRESENTOU A PAISAGEM DE UMA FAZENDA USANDO MUITOS ALIMENTOS.

OBSERVE NOVAMENTE A IMAGEM. O QUE CADA ALIMENTO PARECE REPRESENTAR?

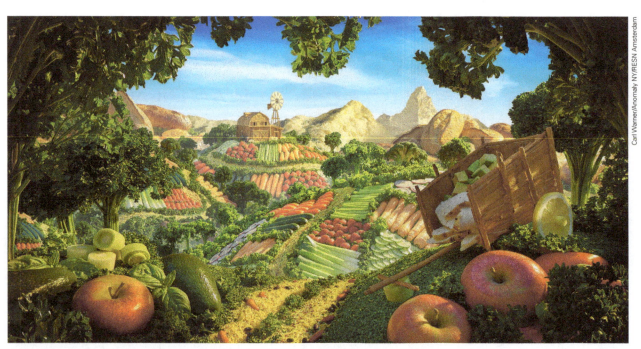

Carl Warner/Anomaly NY/RESN Amsterdam

PANERA FARM, SEM DATA, DE CARL WARNER.

CARL WARNER SE INSPIROU NAS FORMAS DOS ALIMENTOS PARA REPRESENTAR PAISAGENS.

SE VOCÊ OBSERVAR ATENTAMENTE, OS ELEMENTOS DA NATUREZA E OS OBJETOS TÊM FORMAS BEM PARECIDAS.

OBSERVE ESTAS IMAGENS.

O QUEIJO TEM FORMATO IRREGULAR E PODE SE PARECER COM UMA MONTANHA.

O LIMÃO TEM A FORMA DE UM CÍRCULO.

A CARAMBOLA TEM A FORMA DE UM CILINDRO. QUANDO ELA É CORTADA, FICA IGUAL A UMA ESTRELA!

O BRÓCOLIS É ALONGADO E SE PARECE COM UMA ÁRVORE.

SE OBSERVAR COM ATENÇÃO E SOLTAR SUA IMAGINAÇÃO, VOCÊ PODE CRIAR MUITAS FIGURAS E TRABALHOS COM BASE NAS FORMAS QUE ESTÃO AO SEU REDOR!

 **ATELIÊ**

- AGORA QUE VOCÊ JÁ APRENDEU MAIS SOBRE AS FORMAS, VAMOS FAZER UM TRABALHO DE ARTE COM ALIMENTOS? ISSO MESMO, UM TRABALHO DE ARTE COMESTÍVEL!

1. FORME UM GRUPO COM MAIS TRÊS COLEGAS. REÚNAM OS ALIMENTOS E UTENSÍLIOS PARA O TRABALHO.

2. PENSEM SOBRE O QUE VÃO REPRESENTAR COM OS ALIMENTOS E OS UTENSÍLIOS. PODE SER UM LUGAR, UMA PESSOA, UM ANIMAL OU UM OBJETO.

3. EXPERIMENTEM FAZER COMBINAÇÕES COM OS ALIMENTOS PARA CRIAR ALGO QUE CHAME ATENÇÃO PELAS CORES E PELAS FORMAS.

4. MONTEM SEUS TRABALHOS EM UM PRATO E FOTOGRAFEM A COMPOSIÇÃO DE VOCÊS!

5. DEPOIS, SE QUISEREM, VOCÊS PODEM LAVAR OS ALIMENTOS E FAZER UM PIQUENIQUE COM OS COLEGAS DA TURMA!

Clara Gavilán

 RODA DE CONVERSA

AJUDE O PROFESSOR A EXPOR AS FOTOGRAFIAS NO MURAL DA SALA DE AULA. DEPOIS, RESPONDA ÀS QUESTÕES A SEGUIR:

1. O QUE CADA GRUPO REPRESENTOU NO SEU TRABALHO DE ARTE?

2. QUAIS ALIMENTOS E UTENSÍLIOS FORAM MAIS USADOS?

3. QUAL TRABALHO CHAMOU SUA ATENÇÃO PELO USO DAS FORMAS?

AGORA, VOCÊ VAI CONHECER UM ARTISTA FRANCÊS QUE FOI CHAMADO DE "O PAI DE TODOS NÓS" PELOS ARTISTAS DO SEU TEMPO. SABE POR QUÊ?

PORQUE OS ESTUDOS QUE ELE REALIZOU PARA CRIAR SUAS PINTURAS INFLUENCIARAM OUTROS ARTISTAS DA ÉPOCA E OS QUE SURGIRAM POSTERIORMENTE.

O NOME DESSE ARTISTA ERA PAUL CÉZANNE (1839-1906). ELE DIZIA QUE TODOS OS ELEMENTOS DA NATUREZA PODIAM SER TRANSFORMADOS EM FORMAS SIMPLES, COMO O CONE, O CILINDRO E A ESFERA.

CÉZANNE NÃO ESTAVA INTERESSADO EM COPIAR A NATUREZA. ELE QUERIA REPRESENTAR A NATUREZA COMO ELE A PERCEBIA, POR MEIO DESSAS FORMAS GEOMÉTRICAS.

OBSERVE ESTE TRABALHO DE PAUL CÉZANNE.

Pushkin Museum, Moscou, Russia

NATUREZA-MORTA COM PÊSSEGOS E PERAS, 1890-1894, DE PAUL CÉZANNE. ÓLEO SOBRE TELA, 61 cm × 90 cm.

NA PINTURA ACIMA, POR EXEMPLO, CÉZANNE NÃO REPRESENTA OS DETALHES DAS FRUTAS E DOS OBJETOS, MAS DESTACA AS FORMAS BÁSICAS DELES.

VOCÊ RECONHECE AS FRUTAS E OS OBJETOS QUE APARECEM NESSA PINTURA?

EM CENA

- VAMOS BRINCAR DE DAR VIDA ÀS FRUTAS? COM O PROFESSOR, ACOMPANHE A LEITURA DESTA HISTÓRIA.

ERA UMA VEZ UM MONTE DE FRUTAS AMONTOADAS NO CHÃO. ELAS DORMIAM TRANQUILAMENTE ATÉ QUE UMA MÚSICA COMEÇOU A TOCAR.

DEVAGAR, UMA DAS FRUTAS LEVANTOU E COMEÇOU A DANÇAR. AOS POUCOS, OUTRAS FRUTAS TAMBÉM SE LEVANTARAM E LOGO TODAS ESTAVAM DANÇANDO.

ELAS DANÇARAM, DANÇARAM, ATÉ QUE DE REPENTE... APARECEU ■■■ E ACABOU COM A FESTA!

FOI UM CORRE-CORRE DANADO! ALGUMAS FRUTAS CONSEGUIRAM ESCAPAR, MAS OUTRAS FORAM PEGAS E FORAM COMIDAS POR ■■■.

Clara Gavilan/ID/BR

TEXTO DAS AUTORAS.

- AGORA É HORA DE APRESENTAR ESSA HISTÓRIA EM CENA!

1. A TURMA VAI DECIDIR QUEM VAI APARECER DE REPENTE PARA ACABAR COM A FESTA DAS FRUTAS. ELE SERÁ O PEGADOR.

2. DEPOIS, TODOS ESCOLHEM O LUGAR PARA ONDE AS FRUTAS PODEM CORRER PARA ESCAPAR DO PEGADOR, COMO A PAREDE DA SALA.

3. DECIDAM TAMBÉM QUAL SERÁ A MÚSICA DA DANÇA DAS FRUTAS.

- TUDO PRONTO? ENTÃO, VAMOS COMEÇAR A BRINCADEIRA!

1. CADA UM VAI ESCOLHER UMA FRUTA PARA REPRESENTAR.

2. PENSE NA FORMA DA FRUTA QUE VOCÊ ESCOLHEU. DEITE NO CHÃO E FAÇA A FORMA DELA.

3. QUANDO O PROFESSOR TOCAR A MÚSICA ESCOLHIDA PELA TURMA, UMA FRUTA DE CADA VEZ VAI SE LEVANTAR E DANÇAR. IMAGINE OS MOVIMENTOS DE ACORDO COM A FORMA DA "SUA" FRUTA.

4. O PEGADOR DEVE FICAR DO LADO DE FORA DA SALA DE AULA E ENTRAR DE REPENTE, SEM AVISAR.

5. SE O PEGADOR ENCOSTAR EM ALGUÉM QUE ESTIVER FORA DO PIQUE, ESSA PESSOA PASSA A SER O PEGADOR.

Clara Gavilan/ID/BR

💬 RODA DE CONVERSA

DEPOIS DE DANÇAR E BRINCAR BASTANTE, VAMOS CONVERSAR SOBRE A ATIVIDADE.

1. VOCÊ RECONHECEU AS FRUTAS QUE SEUS COLEGAS REPRESENTARAM?

2. FOI DIFÍCIL REPRESENTAR A FORMA E A POSIÇÃO DA FRUTA QUE VOCÊ ESCOLHEU? POR QUÊ?

3. COMO FOI DANÇAR IMAGINANDO SER UMA FRUTA?

VAMOS COMPARTILHAR

VAMOS RECORDAR TUDO O QUE FIZEMOS NESTE CAPÍTULO? COM OS COLEGAS E O PROFESSOR, CONVERSE SOBRE AS QUESTÕES A SEGUIR.

1. QUE IMAGEM VOCÊ VIU NA ABERTURA DESTE CAPÍTULO?

2. E O QUE VOCÊ APRENDEU NA SEÇÃO *DESCOBERTAS*?

3. O QUE VOCÊ FEZ NA SEÇÃO *ATELIÊ*?

4. O QUE VOCÊ ESTUDOU NA SEÇÃO *VEJA QUE INTERESSANTE*?

5. NA SEÇÃO *EM CENA*, O QUE VOCÊ EXPERIMENTOU?

6. O QUE VOCÊ MAIS GOSTOU DE ESTUDAR NESTE CAPÍTULO?

AGORA, FAÇA UM DESENHO ABAIXO E EXPLORE AS VÁRIAS FORMAS QUE VOCÊ APRENDEU NESTE CAPÍTULO.

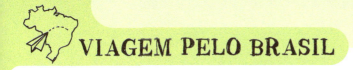
NESTA UNIDADE, VOCÊ CONHECEU ARTISTAS QUE EXPLORAM AS CORES E AS FORMAS EM SEUS TRABALHOS. MAS VOCÊ SABIA QUE ESSES ELEMENTOS ESTÃO PRESENTES EM MUITAS FESTAS TÍPICAS DO NOSSO PAÍS?

OBSERVE BEM ESTAS IMAGENS E AS VÁRIAS CORES E FORMAS PRESENTES NELAS.

FESTA DO BUMBA MEU BOI NAS RUAS DE SÃO LUÍS, MARANHÃO, 2013.

FESTIVAL FOLCLÓRICO DE PARINTINS, NO AMAZONAS, REÚNE UM GRANDE NÚMERO DE PESSOAS PARA A FESTA DO BOI, 2016.

VOCÊ CONHECE ESSA FESTA? QUE CORES VOCÊ CONSEGUE IDENTIFICAR NAS IMAGENS? E QUE FORMAS APARECEM?

A FESTA DO BUMBA MEU BOI ACONTECE EM MUITOS LUGARES DO BRASIL NOS MESES DE JUNHO E JULHO. EM CADA REGIÃO DO PAÍS, ESSA FESTA TEM UM NOME DIFERENTE: BUMBA MEU BOI, BOIZINHO, BOI DE MAMÃO, BOI-BUMBÁ.

DURANTE ESSA FESTA, AS PESSOAS DANÇAM, FAZEM MÚSICAS E REPRESENTAM UMA HISTÓRIA MUITO INTERESSANTE, COM MUITAS PERSONAGENS!

VAMOS CONHECER A HISTÓRIA DO BOI?

O BOI NA FESTA DO BOI-BUMBÁ, EM SÃO LUÍS DO MARANHÃO, 2009.

ERA UMA VEZ MÃE CATIRINA E PAI FRANCISCO, UM CASAL DE NEGROS E TRABALHADORES DE UMA FAZENDA. QUANDO MÃE CATIRINA FICOU GRÁVIDA, ELA TEVE UM GRANDE DESEJO DE COMER LÍNGUA DE BOI.

PARA SATISFAZER A VONTADE DE MÃE CATIRINA, PAI FRANCISCO MATOU O MAIS LINDO BOI DA FAZENDA, SEM SABER QUE ERA O ANIMAL PREFERIDO DO RICO FAZENDEIRO.

AO NOTAR A FALTA DO BOI, O FAZENDEIRO FICOU UMA FERA E MANDOU OS **VAQUEIROS** E OS ÍNDIOS PROCURAREM QUEM TINHA MATADO O BOI DELE.

DEPOIS DE MUITO PROCURAR, ENCONTRARAM PAI FRANCISCO, QUE CONFESSOU O CRIME. DESESPERADO, PAI FRANCISCO TENTA DE TODO JEITO **RESSUSCITAR** O ANIMAL.

O BOI, PERSONAGEM PRINCIPAL DA FESTA, NO FESTIVAL DE PARINTINS, AMAZONAS, 2016.

ELE CHAMA MÉDICOS E UM **PAJÉ**, QUE FAZ O **RITUAL** PARA QUE O BOI PREFERIDO DO PATRÃO VOLTE A VIVER.

PARA A ALEGRIA DE TODOS, O BOI DÁ UM **MUGIDO** BEM ALTO E RENASCE! TODOS FESTEJAM MUITO E PAI FRANCISCO É PERDOADO.

VIVA O BOI!

VAQUEIRO: TRABALHADOR QUE CUIDA DE BOIS E VACAS.
RESSUSCITAR: NASCER DE NOVO.
PAJÉ: PESSOA QUE CURA OS DOENTES E COMANDA AS CERIMÔNIAS RELIGIOSAS SEGUNDO A TRADIÇÃO DE POVOS INDÍGENAS DO BRASIL.
RITUAL: CONJUNTO DE AÇÕES QUE DEVEM SER SEGUIDAS EM UMA CERIMÔNIA.
MUGIDO: SOM EMITIDO POR BOIS E VACAS.

TEXTO RECONTADO PELAS AUTORAS.

- AGORA QUE VOCÊ CONHECEU A HISTÓRIA DO BOI E ALGUNS ASPECTOS DA FESTA DO BUMBA MEU BOI, VAMOS BRINCAR DE BOI COM SEU VAQUEIRO! PARA ISSO, PRESTE ATENÇÃO NAS ORIENTAÇÕES A SEGUIR.

1. FORME UMA DUPLA. UM SERÁ O BOI, E O OUTRO SERÁ O VAQUEIRO QUE ESTÁ À PROCURA DO SEU BOI ROUBADO.

2. CADA DUPLA VAI INVENTAR UM SOM PARA REPRESENTAR O MUGIDO DO SEU BOI.

3. O PROFESSOR VAI DISTRIBUIR OS ALUNOS DE ACORDO COM O ESPAÇO DA SALA DE AULA OU DA QUADRA. DEPOIS, ELE VAI TOCAR UMA MÚSICA.

4. AO SINAL DO PROFESSOR, O BOI DEVE MUGIR, E O VAQUEIRO DEVE CAPTURAR O SEU BOI.

5. QUEM REPRESENTAR O BOI TEM DE SE MOVIMENTAR IGUAL A ELE!

6. QUANDO O VAQUEIRO CONSEGUIR PEGAR O SEU BOI, OS DOIS DEVEM DANÇAR JUNTOS ATÉ A MÚSICA ACABAR.

7. DEPOIS, A DUPLA TROCA DE PERSONAGEM E A BRINCADEIRA RECOMEÇA!

Bruno Nunes/ID/BR

EXTRA, EXTRA!

SITE

PARA OBSERVAR COMO HENRI MATISSE USOU E ABUSOU DAS CORES EM OUTRAS PINTURAS, ACESSE O *SITE* OFICIAL DO ARTISTA. DISPONÍVEL EM: <https://www.henrimatisse.org>. *SITE* EM INGLÊS. ACESSO EM: 23 NOV. 2017.

LIVROS

FLICTS, DE ZIRALDO. EDITORA MELHORAMENTOS.

Melhoramentos/Arquivo da editora

CONHECIDO POR SEUS DESENHOS DIVERTIDOS, O CARTUNISTA MINEIRO ZIRALDO ESCREVEU E ILUSTROU UM LIVRO QUE BRINCA COM AS CORES. O LIVRO CONTA A HISTÓRIA DE UMA COR DIFERENTE, CHAMADA **FLICTS**, QUE TEM DIFICULDADE PARA ENCONTRAR UM AMIGO.

MATISSE: O REI DAS CORES, DE LAURENCE ANHOLT. EDITORA LOG ON LIVROS.

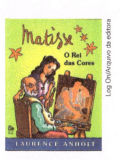
Log On/Arquivo da editora

O LIVRO CONTA A HISTÓRIA DA JOVEM MONIQUE, QUE CONVIVE COM O ARTISTA FRANCÊS HENRI MATISSE E EMBARCA COM ELE EM UMA VIAGEM PELAS CORES.

PARA COMER COM OS OLHOS, DE RENATA SANT'ANNA. EDITORA PANDA BOOKS.

Panda Books/Arquivo da editora

UM LIVRO DELICIOSO PARA SE DIVERTIR E CONHECER VÁRIOS ARTISTAS QUE USARAM ALIMENTOS PARA PRODUZIR SEUS TRABALHOS.

VISITAÇÃO: CENTRO DE CULTURA POPULAR DOMINGOS VIEIRA FILHO

NA CIDADE DE SÃO LUÍS, NO MARANHÃO, ESSE CENTRO EXPÕE FIGURINOS E ADEREÇOS USADOS NA FESTA DO BUMBA MEU BOI. SE EM SUA CIDADE HOUVER ESPAÇOS PARA APRECIAR FIGURINOS DE FESTAS BRASILEIRAS, COMBINE UMA VISITA COM O PROFESSOR E OS COLEGAS.

Fabio Knoll/Pulsar Imagens

Arte além da imaginação

Você já percebeu que a arte pode nos transmitir muitos sentimentos e sensações?

Por exemplo, ao entrar em contato com um objeto de arte, podemos ficar encantados, emocionados ou até surpresos!

Você já se surpreendeu com um objeto de arte?

Observe estas imagens.

Luiz Pessoa/JC Imagem

Escultura do artista Antônio Paes para a *CowParade* de Recife, Pernambuco, 2017.

Alexandre Tokitaka/Pulsar Imagens

Festa do Ano-Novo chinês no bairro da Liberdade, na cidade de São Paulo, 2017.

Pessoas fantasiadas na Expo Geek, evento na cidade do Rio de Janeiro, 2016.

Que roupas coloridas e criativas essas pessoas estão usando! Apresentação de Maracatu na cidade de Aliança, Pernambuco, 2015.

Por meio da arte, é possível criar personagens curiosas, fantasias divertidas, histórias para explicar os mistérios do mundo e até festas cheias de cores!

Nesta unidade, você vai conhecer artistas e contadores de histórias que usam a criatividade para produzir trabalhos interessantes e recontar histórias que nos fazem mergulhar no mundo da imaginação. Vamos lá?

A imaginação vira realidade

Você já viu um dragão, um peixe que fala, um homem que voa ou seres que parecem de outro mundo?

Observe esta imagem com bastante atenção.

Alan Richardson/Acervo do Pictoplasma

Personagens como essas são comuns nos desenhos animados e nos filmes a que assistimos, nas histórias em quadrinhos e nas da tradição oral, nos brinquedos, nos livros, etc. Elas fazem parte do nosso imaginário e também do de muitos artistas.

Existem artistas que adoram o mundo do faz de conta e, usando a imaginação, criam personagens incríveis!

Observe novamente a imagem e preste atenção nos detalhes.

Personagens de desenho ganham vida pelo coletivo Pictoplasma no Festival NEoN em Dundee, Escócia, 2010.

Converse com o professor e os colegas:

1. O que você vê na imagem?

2. Você já viu essas personagens em algum lugar?

3. Onde você acha que essas personagens estão? O que elas estão fazendo?

4. O que você acha de poder criar, desenhar e pintar personagens assim?

5. E se fosse possível se transformar em uma dessas personagens, qual você seria?

A imagem que você observou traz dois trabalhos do artista japonês Akinori Oishi (1972-) transformados em figurino. Esse artista imagina e depois desenha personagens curiosas, que não existem na realidade.

Os trabalhos de Akinori Oishi e de outros artistas fazem parte de um projeto muito interessante chamado **Pictoplasma**. Para participar do projeto, os artistas criaram desenhos bem diferentes, de seres de outro mundo, que mexem com nossa imaginação e nossos sentidos!

Alguns desenhos desses artistas foram transformados em bonecos. Depois, eles foram expostos em museus e galerias. O que você faria se encontrasse uma dessas personagens na rua?

François Guillot/AFP/Acervo do Pictoplasma

Le Petit Bonhomme ("O homenzinho"), de Akinori Oishi, em exposição em Paris, 2013.

Em 2010, **para** a exposição
PictoOrphanage, os desenhos de
Akinori Oishi ganharam vida e saíram às
ruas de algumas cidades, interagindo
com as pessoas e a paisagem.

Para que **as** personagens se tornassem reais,
foram criados figurinos parecidos com os desenhos de
Akinori Oishi. Observe esta imagem e a compare com
a foto que você viu na abertura de capítulo. Será que
eles são parecidos?

© Akinori Oishi/Acervo do artista

Desenhos do artista
Akinori Oishi.

Além das personagens inspiradas nas criações de Akinori
Oishi, trabalhos de outros artistas também ganharam vida
com a produção de figurinos criativos. Os figurinos foram feitos
de materiais como espuma, água e até gás hélio, usado para
encher balões!

PictoOrphanage por Pictoplasma/Achim Hatzius

Personagens da
PictoOrphanage. Berlim,
Alemanha, 2006.

Você já foi a uma exposição assim? E a um espetáculo de
teatro com personagens parecidas com essas?

Ateliê

- Você já viu que na arte todo tipo de criação é possível. Que tal desenhar uma personagem da sua imaginação? Para isso, siga as orientações.

1. Imagine uma personagem que não existe. Pode ser animal, humano, vegetal ou uma mistura de tudo isso. Solte sua imaginação!

2. No espaço abaixo, crie um desenho que represente essa personagem. Lembre-se de destacar cada detalhe dela: o figurino, o rosto, se ela tem cabelos ou não, os braços, as pernas, entre outros.

3. Pinte seu desenho com as cores que quiser. Esse é o seu trabalho de arte!

- Depois de desenhar sua personagem, você vai dar forma a ela. Vamos começar?

1. Observe o desenho que você fez. Como é o corpo da sua personagem? Ela tem asas ou outras características especiais? Ela usa roupas ou adereços como chapéu, coroa e máscara? Com que cores você pintou sua personagem?

2. Agora, use a massinha de modelar para sua personagem sair do papel. Procure fazer que ela fique bem parecida com o seu desenho.

3. Comece modelando o corpo e a cabeça da personagem.

4. Depois, faça os detalhes da personagem, como o rosto, as roupas e outras características.

5. Se precisar, use um palito de sorvete para modelar sua personagem.

6. Depois de terminar todos os detalhes, espere secar. Sua personagem está pronta!

Clara Gavilan/ID/BR

Roda de conversa

Agora, forme um círculo com os colegas. Cada um deve mostrar seu desenho e sua personagem de massinha à turma e ao professor. Depois, converse com eles:

1. Por que você escolheu essa personagem para representar?

2. A personagem de massinha ficou parecida com a que você desenhou?

3. De qual personagem dos colegas você mais gostou? Por quê?

4. Você mudaria algo em seu trabalho? Se sim, peça ajuda a um colega para deixar seu trabalho como você gostaria.

Veja que interessante

Em 2013, algumas personagens criadas por artistas do projeto Pictoplasma participaram da exposição *ARRRGH! Monstros da moda*, que aconteceu em Paris, na França.

Essa exposição foi organizada para mostrar que muitos **estilistas** e outros profissionais da moda se inspiram em personagens e monstrinhos para criar figurinos.

> **Estilista:** profissional que cria coleções de roupas e acessórios (bijuterias, cintos, chapéus, bolsas, lenços, meias, luvas, etc.).

Observe estas criações.

Preparação de um figurino, na exposição *ARRRGH! Monstros da moda*, Paris, França, 2013.

Para essa exposição, foram desenvolvidos figurinos com base nas criações de diferentes artistas, inclusive nas criações do projeto Pictoplasma.

Fotografias: Centro La Gaîté Lyrique/François Guillot/AFP

A exposição *ARRRGH! Monstros da moda* mostrou roupas e acessórios que ajudaram a criar personagens muito curiosas, que mexem com a nossa imaginação! Como você pode observar nas fotos, os estilistas usaram diferentes tipos de material para criar essas roupas.

E você, usaria essas roupas?

 # Em cena

- Chegou o momento de você e os colegas se transformarem em personagens imaginárias! Para isso, siga as orientações.

1. Observe as fotos dos figurinos mostrados na seção *Veja que interessante*. Preste atenção nas formas, nas cores e nos tipos de material utilizado.

2. Agora, observe de novo o desenho que você criou na seção *Ateliê* e a personagem de massinha de modelar.

3. Construa um figurino parecido com o da personagem que você criou. Você pode utilizar retalhos de tecido, pedaços de papel, caixas, fitas, lantejoulas e o que mais quiser!

4. Lembre-se de provar seu figurino para acertar o tamanho!

5. Desfile na sala de aula expondo seu figurino aos colegas.

Roda de conversa

Depois de todos desfilarem, é hora de conversar sobre o figurino.

1. De qual figurino você mais gostou? Por quê?

2. Qual figurino ficou mais parecido com a roupa que usamos no dia a dia? E qual ficou mais diferente?

3. Você ficou satisfeito com o seu figurino? Ele ficou parecido com o do seu desenho?

Vamos compartilhar

Agora que você já viu como na arte podemos soltar a imaginação, vamos retomar o que foi estudado neste capítulo!

Converse com o professor e os colegas:

1. O que você viu na abertura do capítulo?

2. E o que você viu na seção *Descobertas*?

3. Na seção *Ateliê*, que atividades você fez?

4. E o que você aprendeu sobre figurinos na seção *Veja que interessante*?

5. O que você criou na seção *Em cena*?

6. Você teve alguma dificuldade neste capítulo? Qual?

Agora, que tal organizar uma exposição dos figurinos que vocês fizeram?

Com o professor e os colegas, combine um local da escola para expor os trabalhos. Antes, verifique se você quer mudar algo no seu figurino.

Vocês podem convidar colegas de outras turmas para ver a exposição. Vai ser bem divertido!

O mundo das histórias, lendas e mitos

Ouvir histórias é muito divertido!

Você já deve ter escutado histórias contadas por alguém. Mas sabia que existem especialistas em contar histórias? São eles que preservam as memórias e tradições da comunidade em que vivem.

Observe a imagem a seguir.

Lawrence Migdale/Science Source/Getty Images

Para prender a atenção de seus ouvintes, o contador de histórias solta a imaginação criando novas narrativas e valorizando as antigas.

Contando histórias, é possível passar todo tipo de conhecimento de geração em geração.

Existem muitos tipos de histórias a ser contadas: histórias de lembrar, histórias de brincar, histórias de construir, histórias de rir, histórias de chorar... Que tipo de história você mais gosta de ouvir?

Observe novamente a imagem.

Agora, converse com o professor e os colegas:

1. O que você vê na imagem?

2. Quem está contando a história? E quem parece estar ouvindo?

3. Você já vivenciou um momento parecido com o mostrado nessa foto? Como foi?

4. As pessoas da foto estão falando sobre o quê?

Crianças ouvindo histórias durante cerimônia afro-americana em Chicago, Estados Unidos, 2005.

A imagem que você observou na página anterior é de uma contação de histórias, uma arte bem tradicional em alguns países da África, um lugar muito distante do Brasil.

Nesses países, há homens e mulheres chamados **griôs**. Desde cedo, eles se dedicam a aprender a contar histórias interessantes de seu povo às pessoas.

Você imagina que tipos de história os griôs contam?

Observe a imagem ao lado.

Griô realizando uma contação de história em Burkina Faso, 2010.

Os griôs narram lendas, mitos e histórias sobre as origens e os costumes de seus antepassados. Para deixar as narrativas ainda mais interessantes, eles tocam músicas com instrumentos típicos do lugar, como o corá.

Lenda: narrativa de acontecimentos fabulosos ou imaginários, de autoria desconhecida e que costuma ser transmitida de geração em geração, entre pessoas e comunidades.
Mito: narrativa que busca explicar as origens do mundo, do ser humano e dos fenômenos da natureza por meio de personagens como deuses, heróis e outros seres que não existem no mundo.

Sona Jobarteh (1983-) é uma griô muito conhecida. Nessa foto de 2015, ela está tocando o corá, instrumento de cordas tradicional entre os povos da África Ocidental.

Você já deve ter ouvido histórias que começam com: "Era uma vez...". Mas as histórias contadas pelos griôs costumam começar de um jeito diferente, em geral desse modo: "Em uma época em que os homens adoravam as árvores...".

Sabe por que os griôs começam as histórias dessa maneira? Porque, para muitos povos da África, as árvores representam a passagem do tempo, a vida, a morte e o mundo sobrenatural.

Baobá é uma árvore considerada sagrada para alguns povos da África. Morondava, Madagascar, 2006.

Os povos africanos acreditam que os griôs são os guardiões de seus saberes tradicionais. Por isso, quando um deles morre, seu corpo é sepultado dentro do tronco de uma árvore chamada baobá. De acordo com esse ritual, as histórias e as canções dos griôs continuam se difundindo, como os galhos do baobá.

Sobrenatural: maravilhoso, mágico, espiritual.
Difundir: expandir, espalhar.

O baobá é uma árvore típica da África e pode viver por muito, muito tempo! É considerada uma das maiores árvores do mundo! Seu tronco é tão largo e tão espaçoso por dentro que em algumas épocas do ano ele serve de abrigo para animais e até para pessoas!

 **Em cena**

● Agora você já sabe que contar histórias é uma tradição para alguns povos. Que tal brincar de improvisar algumas histórias com os colegas? Para isso, siga as orientações.

1. Ajude o professor a organizar as carteiras para formar um círculo na sala de aula.

2. O professor começa dizendo "Era uma vez...". Quem estiver do lado direito dele deve continuar a história, inventando uma personagem e um acontecimento. Por exemplo, o professor diz: "Era uma vez...", e o aluno completa: "uma mulher que sabia voar...".

3. O colega que estiver à direita daquele que começou a história continua a contá-la, inventando mais um trecho. Por exemplo: "Um dia a mulher voadora saiu para fazer um passeio e lá de cima avistou um...".

4. A brincadeira segue assim, até que todos tenham participado. Depois, vocês podem começar tudo outra vez, inventando mais histórias, agora iniciando pelo lado esquerdo do professor!

Roda de conversa

Depois de criar muitas histórias, converse com o professor e os colegas:

1. Que tipos de história você e os colegas criaram?

2. Quem eram as personagens?

3. Onde as histórias se passaram?

4. O que aconteceu nas histórias?

No Brasil, a contação de histórias também é comum. Existem lendas que foram transmitidas oralmente ao longo do tempo e hoje fazem parte da cultura popular do nosso país.

Leia com os colegas um texto sobre a lenda da Cobra Grande ou Boiuna, que faz parte do nosso folclore.

Folclore: conjunto de mitos, lendas, tradições, brincadeiras, danças, costumes e outras manifestações que fazem parte do jeito de ser de um povo.

AidaCass/ID/BR

Essa lenda é muito conhecida na região amazônica, principalmente pela população que vive na beira dos rios.

Diz a lenda que a Cobra Grande ou Boiuna é uma enorme cobra escura que saiu da floresta e passou a viver nas profundezas dos rios. Ela é capaz de virar as canoas e costuma atrair os pescadores para o fundo da água.

Segundo os ribeirinhos, muitos igarapés foram criados em razão da passagem da Cobra Grande, que, com seu peso, abriu caminhos na terra.

A lenda da Boiuna pode ter surgido pelo fato de os ribeirinhos terem medo da cobra-d'água, que ataca o gado e outros animais.

Ribeirinho: pessoas que vivem perto de rios.
Igarapé: curso de água estreito e pouco profundo que corre no interior da mata, na região amazônica. A palavra vem do tupi **ygara** (canoa) e **apé** (caminho) e significa caminho da canoa.

Texto recontado pelas autoras.

Você já conhecia essa história? Que outras histórias do folclore você conhece?

 **Ateliê**

- Você já viu que é possível inventar diferentes histórias. Então, que tal criar uma história e fazer desenhos sobre ela? Para isso, siga as orientações.

Lista de material

- papel sulfite
- lápis preto
- lápis de cor

1. Invente uma história. Imagine as personagens, o que vai acontecer e onde ela vai se passar.

2. Divida o papel sulfite em quatro quadradinhos. No primeiro deles, desenhe o que vai acontecer primeiro. No segundo, desenhe o que vai acontecer depois, e assim por diante.

3. Lembre-se de que o último quadradinho deve ser reservado para desenhar o final da história! Se precisar, você pode usar mais de uma folha. Assim, terá a chance de criar novas situações.

4. Pinte sua história em quadrinhos do jeito que quiser.

Pedro Hamdan/ID/BR

Roda de conversa

Agora, ajude o professor a fixar todos os trabalhos no mural da sala de aula. Observe com atenção todos os trabalhos e converse com o professor e os colegas:

1. Qual história chamou mais sua atenção? Por quê?

2. Você conseguiu entender a história dos colegas?

3. De qual história você mais gostou? Por quê?

Vamos compartilhar

Você conheceu a arte de inventar e contar histórias. Agora, chegou o momento de lembrar o que descobriu neste capítulo.

Converse com os colegas e o professor sobre estas questões:

1. O que você viu na abertura deste capítulo?

2. E o que você conheceu na seção *Descobertas*?

3. Que atividade você fez na seção *Em cena*?

4. O que você aprendeu na seção *Veja que interessante*?

5. E qual foi a última atividade que você fez?

Agora, que tal brincar de teatro com os colegas?

O professor vai organizar a turma em quatro grupos. Cada grupo deverá escolher uma das histórias criadas coletivamente na seção *Em cena* para representar. Lembre--se de que você pode usar figurinos para caracterizar as personagens da história! Boa apresentação!

Você já viu que na arte é possível criar personagens curiosas, que podem ganhar vida com figurinos divertidos!

Viu também que para contar histórias podemos usar muita criatividade, tocar instrumentos musicais e cantar. Tudo isso mantém nossas histórias e nossa cultura vivas.

Agora, vamos conhecer o maracatu rural. Esse festejo brasileiro é ritmado por instrumentos, e as pessoas se fantasiam de personagens com figurinos bem coloridos, dançando pelas ruas da cidade.

Observe a imagem do desfile do maracatu rural a seguir.

Participantes do maracatu rural na cidade de Aliança, Pernambuco, 2015.

Você já foi a uma apresentação como essa?

O que as pessoas estão fazendo na imagem?

O maracatu rural é festejado nos meses de março e abril em algumas cidades brasileiras. Mas esse festejo teve origem em Nazaré da Mata, uma cidade do interior de Pernambuco.

As pessoas que participam dessa festa representam personagens diferentes, como rei, rainha, príncipes e princesas. Mas quem mais chama atenção é o caboclo de lança. Ele representa um guerreiro.

Sabe por que ele chama atenção? Porque ninguém sabe quem é a pessoa fantasiada de caboclo de lança! Isso é mantido em segredo! Observe como o figurino dos caboclos é colorido e cheio de detalhes.

Caboclos do maracatu rural na cidade de Aliança, Pernambuco, 2015.

Além de fantasias coloridas, o maracatu rural tem muita música e muita dança. Os desfiles são acompanhados por músicos que tocam tambores e instrumentos de sopro, como trombones e cornetas.

Já a dança tem muita animação, ritmo e movimentação. Enquanto desfilam pelas ruas da cidade, os participantes fazem movimentos como saltos e giros.

Vamos conhecer uma canção inspirada no maracatu rural? Acompanhe a leitura que o professor vai fazer do trecho da letra abaixo.

Os cabôco

[...]
No sobe e desce das ladeiras,
Em trajes de brilhos astrais,
Crianças vêm do mundo inteiro
Soltas num terreiro onde brincam bem mais!

Seus olhos sambando nas cores
Das fitas que fitas no espaço,
Os corpos são os movimentos
Das lanças do vento no grande mormaço!

E o mundo explode na rua,
Se espalha e se junta no ar.
Olinda pro Sol e pra Lua
A língua que fala na boca do mar.

Os cabôco, de Mestre Ambrósio. Composição de Sergio Cassiano e Mazinho Lima. Em: *Fuá na casa de Cabral*. Rio de Janeiro: Sony Music, 1998. 1 CD. Faixa 2.

Agora, que tal aprender a cantar a canção com o professor e os colegas? Cante algumas vezes acompanhando o professor. Depois, com a turma, cante e dance o maracatu rural!

Boa diversão!

Extra, extra!

Livros

Bicho de sete cabeças e outros seres fantásticos, de Eucanaã Ferraz. Editora Companhia das Letrinhas.

Nesse livro, você vai conhecer vários seres fantásticos. Alguns são assustadores e são descritos em poemas que acompanham imagens de esculturas feitas pelo artista André da Loba especialmente para o livro.

Lendas e personagens, de Nereide Schilaro Santa Rosa. Editora Moderna.

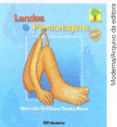

Nesse livro, a autora reproduz trabalhos de vários artistas brasileiros para contar as origens de personagens de lendas de diferentes regiões do país.

Maracatu nação, de Fabiana Ferreira Lopes. Edições SM.

Nesse livro, você vai conhecer mais sobre o maracatu nação, ou do baque virado, que acontece no Recife com desfiles ao som de bumbos, chocalhos e tambores e pessoas fantasiadas de reis e rainhas, entre outros.

Filme

Kiriku e a feiticeira, dirigido por Michel Ocelot, França, 1998.

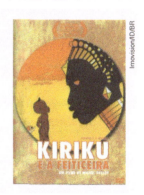

Esse desenho animado francês se passa na África e conta a história de Kiriku. Ele é um bebê com poderes especiais que se torna o salvador de sua aldeia, que está ameaçada pela feiticeira Karabá.

Visitação: Museu Afro Brasil

Na cidade de São Paulo existe um museu onde é possível conhecer mais objetos de arte, histórias e outras características das culturas africanas. Se em sua cidade tiver algum lugar como esse, combine uma visita com o professor e os colegas!

Entre o céu e a terra

Você já viu nas unidades anteriores que há várias maneiras de produzir arte. Agora, você vai descobrir que uma dessas maneiras é transformar o espaço!

Observe estas imagens. Os artistas recriaram a paisagem, provocando novas sensações a seus visitantes.

Pedras gigantes são pintadas e empilhadas na instalação *Sete Montanhas Mágicas*, de Ugo Rondinone. Deserto de Nevada, Estados Unidos, 2016.

O quarto do hotel Mirrorcube, projetado pelos arquitetos Bolle Tham e Martin Videgård, é sustentado por uma árvore e revestido de espelho. Harads, Suécia, 2009.

Passarela de vidro construída a 1400 metros de altura na província de Henan, China, 2017.

Criança se diverte na instalação *Chuva de ovos gigantes*, do artista holandês Henk Hofstra, na praça Itália, Santiago, Chile, 2016.

O jeito como organizamos o espaço e interagimos com ele não é sempre o mesmo, assim como nosso modo de viver e de construir nossas casas.

Na imagem a seguir, por exemplo, podemos observar a casa de uma importante arquiteta brasileira.

Casa de Vidro, da arquiteta Lina Bo Bardi (1914-1992), recebeu esse nome por causa da fachada de vidro apoiada sobre pilares. Bairro do Morumbi, São Paulo, 2013.

Nesta unidade, vamos conhecer artistas que realizam verdadeiras mudanças nos espaços por meio dos objetos de arte que produzem. Assim, eles nos mostram como podemos nos relacionar de diferentes maneiras com nosso ambiente.

Caminhando pelo ar

Quer ver só como alguns objetos de arte transformam os ambientes em que eles são criados e nos permitem experimentar diferentes sensações?

Observe esta imagem. As pessoas caminham pelo espaço como se estivessem andando pelo ar.

Coleção particular. Fotografia: Jérémie Souteyrat/Espaço Louis Vuitton, Tóquio

Esses objetos de arte são instalados em um espaço. Por isso, são chamados de instalação.

As possibilidades de criação das instalações são praticamente infinitas. Elas podem ter tamanhos variados: ser pequenas, grandes, ocupar espaços menores e, às vezes, até salas inteiras!

Além disso, nas instalações podemos encontrar todo tipo de material. Observe mais uma vez a imagem.

Agora, converse com o professor e os colegas:

1. Que elementos você vê na imagem?

2. Que materiais utilizados pelo artista você identifica?

3. Como as pessoas estão interagindo com esse objeto de arte?

4. De que tamanho você imagina que seja esse objeto de arte?

5. Onde você acha que ele está instalado?

A vida é um corpo do qual fazemos parte, de Ernesto Neto. Tóquio, Japão, 2012.

O artista que criou essa instalação se chama Ernesto Neto (1964-). Ele nasceu no Rio de Janeiro e queria ser astronauta. Mas virou artista!

Ernesto Neto usa diversos materiais em suas esculturas e instalações. Alguns de seus trabalhos têm grandes dimensões, para que o público possa interagir com eles, como no caso do objeto que você viu na abertura deste capítulo. Observe, abaixo, a imagem mais uma vez.

O artista Ernesto Neto em meio a um de seus trabalhos. Rio de Janeiro, 2012.

A vida é um corpo do qual fazemos parte, de Ernesto Neto. Tóquio, Japão, 2012.

Agora, imagine: Como você se sentiria caminhando nessa instalação suspensa no ar?

Uma rua, uma sala de aula ou um museu podem ser transformados para provocar diferentes sensações no espectador. Você já pensou que até o quarto em que você dorme poderia surpreender as pessoas se ele fosse modificado?

Agora você vai conhecer uma das primeiras instalações feitas por um artista. Ela recebeu o nome *Uma milha de barbante*. Observe a imagem a seguir.

Uma milha de barbante, 1942, de Marcel Duchamp. Whitelaw Reid Maison, Nova York, Estados Unidos.

O artista que criou esse objeto de arte foi o francês Marcel Duchamp (1887-1968). Ele utilizou muitos e muitos rolos de barbante para criar essa espécie de teia, formando uma trama por toda a sala da exposição.

Com isso, Marcel Duchamp criou um obstáculo aos visitantes, que precisavam se desviar dos fios, fazendo vários movimentos para chegar até os trabalhos expostos.

Um desafio e tanto! Imagine só que difícil visitar essa exposição!

Retrato do artista francês Marcel Duchamp feito pelo fotógrafo estadunidense Alfred Stieglitz. Fotografia de 1923.

Em cena

Agora que você conheceu essas instalações, que tal transformar o espaço da sala de aula em um lugar diferente e tentar um desafio? Você e os colegas podem fazer isso de muitas maneiras. Vamos conhecer uma delas?

- Com o professor, você e os colegas vão mudar a percepção das pessoas sobre o espaço da sala de aula. Criem uma instalação com fios de barbante, como Marcel Duchamp. É isso mesmo, a sala vai ganhar novas tramas!

1. Combine com a turma e o professor a quantidade de rolos de barbante que vocês vão utilizar.

2. Distribuam os rolos de barbante entre si.

3. Cortem pedaços bem longos de barbante, para que atravessem a sala de uma extremidade à outra.

4. Decidam como e onde os barbantes devem ser amarrados: em cadeiras, mesas ou janelas, além de colados às paredes.

5. Façam amarrações criativas, gerando obstáculos à passagem. Usem pedaços de fita adesiva para fixar as pontas dos barbantes aos objetos e às paredes.

Lista de material

- rolos de barbante de cor crua
- tesoura com pontas arredondadas
- fita adesiva

Bruno Nunes/ID/BR

- Agora aproveite para brincar no novo espaço criado na sala de aula. O desafio é se movimentar sem encostar nos barbantes!

Antes de entrar na instalação, note a transformação do espaço da sala de aula, imagine os diferentes **ângulos de visão** que você vai ter de dentro da instalação e os movimentos que você vai precisar fazer para se deslocar nesse espaço.

> **Ângulo de visão:** o quanto você pode ver do espaço a partir do lugar em que você está.

Bruno Nunes/ID/BR

💬 Roda de conversa

Depois de brincar bastante, vamos conversar sobre a atividade realizada.

1. Você gostou de construir uma instalação na sala de aula?
2. Que parte dessa construção foi mais difícil?
3. O que mudou na sala de aula depois dessa instalação?
4. Você conseguiu atravessar o espaço sem encostar nos barbantes?
5. Que movimentos você fez com o corpo?

Quer ver mais um exemplo de como uma instalação pode transformar um espaço?

Imagine como ficaria a sala de aula se trocassem as lâmpadas brancas por lâmpadas azuis. Ou se você chegasse à sala de aula e o chão estivesse coberto por pedrinhas cor-de-rosa.

Foi brincando com as cores e a luz que o artista dinamarquês Olafur Eliasson (1967-) transformou um grande espaço em uma exposição no Brasil.

Olha só o que ele criou! O artista pendurou grandes painéis de plástico transparente de várias cores.

©Olafur Eliasson. Fotografia: Anders Sune Berg

Instalação que compõe a exposição *Seu corpo da obra*, do artista Olafur Eliasson. Sesc Pompeia, na cidade de São Paulo, 2011.

Ao caminhar pela exposição, os visitantes podem ver como os painéis dão novas cores e formas ao espaço dependendo do ângulo de visão do espectador.

Veja que interessante comparar o "antes" e o "depois" desse trabalho.

O espaço do Sesc Pompeia, na cidade de São Paulo, era assim.

Após a montagem da instalação de Olafur Eliasson, o espaço ficou assim.

✎ Ateliê

Que tal agora brincar de colorir os espaços da escola sem usar tinta?

Como? Muito simples!

- Com o professor, você e os colegas vão fazer "óculos de ver o mundo diferente".

1. Reúnam-se em grupos de três pessoas.

2. Desenhem, em um pedaço de papelão, um modelo de óculos com o lápis preto.

3. Recortem os óculos com a tesoura.

4. Utilizem as canetas para pintar os óculos do jeito que vocês quiserem.

5. Colem um pedaço de papel-celofane no lugar das lentes usando fita adesiva ou cola. Utilizem uma cor para cada um dos óculos.

Pedro Hamdan/ID/BR

Depois que estiverem prontos, revezem os óculos entre os integrantes do grupo para que todos possam "ver o mundo diferente".

Caminhem pela escola observando as pessoas e os espaços com novas cores.

🗨 Roda de conversa

Depois de explorar bastante o espaço da escola, vamos conversar sobre a atividade:

1. Como foi a experiência de ver a escola de um jeito diferente?

2. Você e os colegas conseguiram revezar os óculos que fizeram?

3. De que você mais gostou nessa atividade?

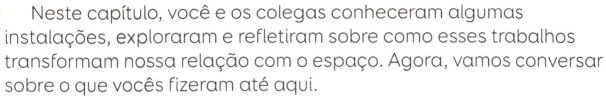

Neste capítulo, você e os colegas conheceram algumas instalações, exploraram e refletiram sobre como esses trabalhos transformam nossa relação com o espaço. Agora, vamos conversar sobre o que vocês fizeram até aqui.

1. Você conheceu o trabalho de três artistas. Quem são eles?

2. O que você descobriu sobre a relação do trabalho desses artistas com o espaço?

3. O que você produziu na seção *Em cena*?

4. E na seção *Ateliê*?

Para finalizar, escolha o objeto de arte que você mais gostou de conhecer neste capítulo. Pesquise na internet outro trabalho criado pelo mesmo artista. Cole abaixo a imagem desse objeto de arte que você pesquisou.

Você já viu que a arte ocupa diferentes espaços. Mas você sabia que é possível morar em um lugar repleto de arte?

Para entender isso melhor, vamos conhecer uma canção muito famosa.

A casa

Era uma casa
Muito engraçada.
Não tinha teto
Não tinha nada.

Ninguém podia
Entrar nela, não
Porque na casa
Não tinha chão.

Ninguém podia
Dormir na rede
Porque a casa
Não tinha parede.

Ninguém podia
Fazer pipi
Porque penico
Não tinha ali.

Mas era feita
Com muito esmero
Na rua dos bobos
Número zero.

Vinicius de Moraes. A casa.
Em: *Poemas avulsos.* Rio de
Janeiro, 1970.

Agora, cante a canção "A casa" com o professor e os colegas. Em seguida, observe a imagem e responda:

1. **Essa canção fala sobre o quê?**

2. **Como a casa é apresentada na canção?**

3. **Você acha que existe uma casa assim? Por quê?**

4. **E o que você vê na imagem?**

5. **Como seria morar em uma casa como a da canção?**

6. **E como seria morar em um lugar como o da imagem?**

AídaCass/ID/BR

A canção "A casa" foi composta por Vinicius de Moraes (1913-1980). Ele é um compositor e escritor brasileiro muito conhecido no Brasil e no mundo.

O artista Vinicius de Moraes.

Você deve ter percebido que, nessa canção, Vinicius fala de uma casa muito diferente: sem teto, sem chão, sem nada! Mas será que essa casa existe? Bem, a resposta é curiosa!

Vinicius cantou essa canção pela primeira vez depois de visitar uma casa muito interessante: a Casapueblo. Essa casa fica em um país perto do Brasil, o Uruguai.

O artista uruguaio Carlos Páez Vilaró, em 2009.

A Casapueblo foi construída pelo artista uruguaio Carlos Páez Vilaró (1923-2014). A construção dela durou quarenta anos! Isso aconteceu porque esse artista a construiu com as próprias mãos, modelando cada parte dela.

Observe abaixo a Casapueblo.

Casapueblo, em Punta Ballena, Uruguai, 2013.

Cada vez que Vinicius visitava o amigo Vilaró, ele encontrava uma casa diferente! Isso porque ela estava sempre em construção. Vilaró dizia que essa canção era uma homenagem à casa dele! Observe abaixo uma área da casa.

Interior da Casapueblo com algumas esculturas de Vilaró, em Punta Ballena, Uruguai, 2013.

Para construir essa casa, Vilaró fez muitos estudos, desenhos e **maquetes**. Aos poucos, com a ajuda de amigos pescadores da região, o artista transformou a casa em um objeto de arte. Ele morou nela a vida toda!

A Casapueblo ainda é a residência da família de Vilaró. Ela abriga também um museu e um hotel. Assim, as pessoas podem visitar a casa e apreciar as pinturas e esculturas do artista.

> **Maquete:** representação em miniatura de algum objeto, uma paisagem, uma construção, como uma casa.

Para Vilaró, a casa era seu maior objeto de arte. Você imagina como seria morar nessa casa? Você já viu alguma construção parecida com essa?

Visitantes conhecem o interior do Museu Casapueblo, em Punta Ballena, Uruguai, 2012.

 **Ateliê**

- Agora que você já conheceu a Casapueblo, chegou a hora de construir a sua casa! Você vai criar um desenho e uma maquete.

1. Use a criatividade e desenhe uma casa bem diferente em uma folha avulsa. Depois, pinte com as cores que quiser.

2. Cole as caixas de papelão, umas nas outras, e construa sua casa do jeito que você a desenhou.

3. Com a ajuda do professor, desenhe nas caixas: as portas, as janelas e outros detalhes que quiser. Depois, os recorte.

4. Pinte sua maquete com a tinta guache, usando as mesmas cores do desenho.

5. Decore sua casa colando os recortes de papéis coloridos. Espere secar. Sua maquete está pronta!

AlidaCaas/ID/BR

🗨 Roda de conversa

Depois de construir sua maquete, ajude o professor a expor os trabalhos na sala de aula. Em seguida, converse com ele e os colegas:

1. Como é a casa que você imaginou? Por que ela é desse jeito?

2. Que formas tem sua casa? E que cores?

3. Sua maquete ficou parecida com a casa que você desenhou?

4. Foi difícil transformar seu desenho em um objeto? Por quê?

Veja que interessante

Em muitos lugares do mundo existem construções que impressionam pela beleza das formas e pelas cores. Um exemplo são as habitações tradicionais da vila de Tiebele, que fica em um país chamado Burkina Faso, na África.

Observe esta imagem.

Casas típicas da vila de Tiebele, Burkina Faso, 2008.

Os moradores de Tiebele produzem tintas com materiais retirados da natureza para pintar as paredes das casas. Eles pintam as paredes das casas com cores e formas geométricas. Observe a imagem ao lado e responda: Que cores e formas você identifica nesta casa?

Pintura tradicional de moradias da vila de Tiebele, Burkina Faso, 2011.

Para os moradores de Tiebele, as pinturas representam histórias sobre a vida, as crenças e os valores deles. Isto é, cada pintura também representa a história de vida de um morador e transmite saberes sobre o lugar!

Crença: tudo aquilo em que as pessoas de determinado lugar acreditam.

Valor: conjunto de ideias, ações, pensamentos, entre outros, que cada pessoa considera correto.

 **Em cena**

Lista de material
- giz de lousa
- pedra pequena

- Agora que você já conheceu diferentes tipos de casa, chegou o momento de brincar de pular de uma casa para outra com uma brincadeira muito conhecida: a amarelinha! Para isso, o professor vai reservar a quadra ou o pátio da escola.

1. Forme um grupo de no máximo quatro alunos.

2. Com o giz, cada grupo deve fazer um desenho como este em uma parte da quadra da escola. Cada número representa uma casa.

3. Cada integrante do grupo deve lançar uma pedrinha em um dos números, começando pelo número 1. O desafio é tentar pular com uma perna só em todas as casas, menos na casa que tem a pedrinha, até chegar ao número 10.

4. Depois, cada integrante tem de voltar casa por casa, recolher a pedrinha e esperar novamente a sua vez.

5. Quem errar, deve jogar a pedrinha no mesmo número até completar a rodada. Ganha quem completar todas as rodadas primeiro.

💬 Roda de conversa

Depois de brincar de amarelinha, converse com o professor e os colegas sobre essa brincadeira:

1. Você achou fácil pular com um pé só? Por quê?

2. Quais partes do corpo você mais movimentou pulando desse jeito?

3. Você conseguiu pegar a pedrinha todas as vezes sem cair?

Neste capítulo, você e os colegas conheceram algumas construções que transformam os espaços e chamam atenção pela beleza e pela forma como foram criadas.

Agora, vamos retomar o que vocês fizeram neste capítulo?

1. O que vocês viram na abertura do capítulo?

2. O que vocês descobriram sobre a relação da música e da ilustração na seção *Descobertas*?

3. O que vocês fizeram na seção *Ateliê*?

4. E o que vocês conheceram na seção *Veja que interessante*?

5. O que vocês fizeram na seção *Em cena*?

Para finalizar, com a ajuda de um adulto responsável, pesquise na internet construções que chamam sua atenção. No espaço abaixo, faça um desenho da construção de que você mais gostou e apresente ao professor e aos colegas.

Viagem pelo Brasil

Nesta unidade, você viu que a arte ocupa diversos espaços: a montanha, o chão, o teto e, às vezes, até uma sala inteira.

Você conheceu também moradias bem diferentes, que encantam com sua beleza artística. Mas será que existem outros jeitos de ocupar ou utilizar espaços e construções com a arte? Observe as imagens a seguir.

Você já viu alguém fazendo algo parecido?

Os movimentos que essas pessoas estão fazendo com o corpo têm nome! É o *parkour*, uma arte que mistura dança, esporte, acrobacias, giros e saltos. O mais interessante é que pode ser feito em qualquer lugar! Por isso, sua prática pode ser vista em muitas cidades brasileiras.

Grupo de meninas praticando *parkour* na praça Valdir Azevedo, na cidade de São Paulo, 2013.

Isso porque, para praticar o *parkour*, as pessoas ocupam diferentes espaços, subindo e descendo muros, escadas, entre outros, pois o objetivo é desviar dos obstáculos usando os movimentos do corpo. Para isso, é necessário muito treino!

Crianças praticando *parkour* acompanhadas do professor, na cidade de São Paulo, 2016.

Agora, o que você acha de usar os obstáculos da escola para experimentar um desafio corporal?

Com a ajuda do professor, você e os colegas vão montar uma pista de *parkour* na quadra de esportes da escola. Para isso, sigam as orientações abaixo.

1. Reúnam objetos diversos, como cabos de vassoura, colchonetes e caixas de papelão.

2. Distribuam esses objetos na quadra esportiva para montar um circuito, como se fossem obstáculos encontrados normalmente em uma rua da sua cidade.

3. Usem toda a criatividade para inventar desafios para o corpo, como abaixar, pular ou rastejar!

4. O professor vai marcar o tempo que cada aluno vai levar para ultrapassar todos os obstáculos do circuito.

5. Cada aluno deve passar pelo circuito duas vezes.

6. O desafio é fazer o circuito em menos tempo na segunda vez!

Clara Gavilan/ID/BR

Extra, extra!

Site

Para conhecer e apreciar mais objetos de arte de Ernesto Neto e outros artistas, acesse o *site* do Inhotim, um museu muito interessante que mais parece um parque! Disponível em: <http://www.inhotim.org.br/inhotim/arte-contemporanea/>. Acesso em: 30 nov. 2017.

Livros

Era uma vez duas casas, de Cláudio Martins. Editora Paulinas.

Nesse livro, o autor Cláudio Martins fala de uma casa que não tinha paredes, mas tinha muitas janelas. Não tinha tetos, mas tinha uma infinidade de telhas. Não tinha chão, mas tinha madeiras para todos os lados. Como será que deve ser essa casa?

O livro das casas, de Liana Leão, ilustrado por Guilherme Zamoner. Editora Cortez.

Esse livro vai levar você a um passeio pela diversidade de casas. Além disso, vai ensinar uma lição de cidadania, paixão, compaixão e respeito pelo meio ambiente.

Música

Arca de Noé, de Vinicius de Moraes. Vários intérpretes. Universal Music. 2 CDs.

Nessa coleção de dois CDs, você pode apreciar a música brasileira na voz de vários intérpretes que cantam as composições de Vinicius de Moraes.

Visitação: Museu Oscar Niemeyer

O Museu Oscar Niemeyer fica em Curitiba, no Paraná. Oscar Niemeyer (1907-2012) foi um dos maiores arquitetos do Brasil e do mundo. Nesse museu, o visitante pode apreciar a construção, que é uma arte! Se em sua cidade tiver lugares assim, combine uma visita com o professor e os colegas.

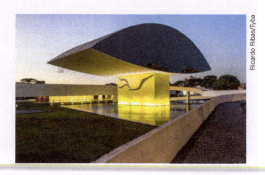

BIBLIOGRAFIA

Arte-educação

MOREIRA, Ana Angélica Albano. *O espaço do desenho*: a educação do educador. São Paulo: Loyola, 1999.

PASTA, Paulo. *A educação pela pintura*. São Paulo: WMF Martins Fontes, 2012 (Coleção Mundo da Arte).

PILLAR, Analice Dutra. *Desenho e construção do conhecimento na criança*. Porto Alegre: Artes Médicas, 1996.

_____. *Desenho e escrita como sistemas de representação*. 2. ed. rev. e ampl. Porto Alegre: Penso, 2012.

RICHTER, Sandra. *Criança e pintura*: ação e paixão do conhecer. 3. ed. Porto Alegre: Mediação, 2008 (Educação e arte, 5).

Artes integradas

ARAÚJO, Hiram. *Carnaval, seis milênios de história*. Rio de Janeiro: Gryphus, 2002.

BOTTALLO, Marilúcia. *Festas do Brasil*. Santos: Companhia Brasileira de Arte, Cultura e Esportes, 2016.

CASCUDO, Luís da Câmara. *Dicionário do folclore brasileiro*. 11. ed. rev. e atual. São Paulo: Global, 2002.

CAVALCANTI, Maria Laura Viveiros de Castro. *Reconhecimentos*: antropologia, folclore e cultura popular. Rio de Janeiro: Aeroplano, 2012.

HORTA, Carlos Felipe de Melo Marques (Org.). *O grande livro do folclore*. Belo Horizonte: Leitura, 2004.

LIMA, Heloisa Pires; GNEKA, Georges; LEMOS, Mário. Ilustrações de Véronique Tadjo. *A semente que veio da África*. São Paulo: Salamandra, 2005.

MATTA, Roberto da. *Carnavais, malandros e heróis*: para uma sociologia do dilema brasileiro. 6. ed. Rio de Janeiro: Rocco, 1997.

MATTOTTI, Lorenzo. *Carnaval*: cores e movimentos. Rio de Janeiro: Casa 21, 2006.

MORAES FILHO, Mello. *Festas e tradições populares no Brasil*. Belo Horizonte: Itatiaia, 1999 (Reconquista do Brasil).

NUNES, Izaurina Maria de Azevedo (Org.). *Olhar, memória e reflexões sobre a gente do maranhão*. São Luís: Comissão Maranhense de Folclore, 2003.

PRANDI, Reginaldo. *Os príncipes do destino*: histórias da mitologia afro-brasileira. São Paulo: Cosac Naify, 2001 (Mitos do Mundo).

TATIT, Ana; LOUREIRO, Maristela. *Festas e danças brasileiras*. São Paulo: Melhoramentos, 2016 (Brinco e canto).

Artes visuais

ALBERS, Josef. *A interação da cor*. São Paulo: WMF Martins Fontes, 2009.

ARNHEIM, Rudolf. *Intuição e intelecto na arte*. 2. ed. São Paulo: Martins Fontes, 2004.

DERDYK, Edith (Org.). *Disegno, desenho, desígnio*. São Paulo: Senac São Paulo, 2007.

DWORECKI, Silvio. *Em busca do traço perdido*. São Paulo: Scipione Cultural-Edusp, 1999.

FERREIRA, Sueli. *Imaginação e linguagem no desenho da criança*. Campinas: Papirus, 1998.

GAGE, John. *A cor na arte*. São Paulo: WMF Martins Fontes, 2012 (Coleção Mundo da arte).

FORTUNA, Marlene. O imaginário e o fantástico. In: _____. *A obra de arte além de sua aparência*. São Paulo: Annablume, 2002. p. 211-216.

ZILIO, Carlos. *A querela do Brasil*: a questão da identidade da arte brasileira – a obra de Tarsila, Di Cavalcanti e Portinari: 1922-1945. Rio de Janeiro: Funarte, 1982.

Dança

ANDRADE, Mário de. *Danças dramáticas do Brasil*. In: ALVARENGA, Oneyda (Org.). *Danças dramáticas do Brasil*. 2. ed. Belo Horizonte: Itatiaia; Brasília: Instituto Nacional do Livro-Fundação Nacional Pró-Memória, 1982. t. 3.

FERNANDES, Ciane. *O corpo em movimento*: o sistema Laban/Bartenieff na formação e pesquisa em artes cênicas. 2. ed. rev. e atual. São Paulo: Annablume, 2006.

RENGEL, Lenira. *Os temas de movimento de Rudolf Laban*: modos de aplicação e referências (I, II, III, IV, V, VI, VII e VIII). São Paulo: Annablume, 2008.

Música

BRITO, Teca Alencar de. *Música na educação infantil*: propostas para a formação integral da criança. São Paulo: Peirópolis, 2003.

GUIA, Rosa Lúcia dos Mares; FRANÇA, Cecília Cavalieri. *Jogos pedagógicos para educação musical.* 2. ed. Belo Horizonte: Fino Traço, 2015.

HOMEM, Wagner; DE LA ROSA, Bruno. *Histórias de canções*: Vinicius de Moraes. São Paulo: Leya, 2013.

LOUREIRO, Maristela; TATIT, Ana. *Brincadeiras cantadas de cá e de lá.* São Paulo: Melhoramentos, 2013. Inclui CD e DVD.

Teatro

LOBO, Lenora; NAVAS, Cássia. *Teatro do movimento*: um método para o intérprete criador. Brasília: Secretaria do Estado da Cultura–LGE|FAC, 2003.

SPOLIN, Viola. *Jogos teatrais*: o fichário de Viola Spolin. 2. ed. São Paulo: Perspectiva, 2008.

Outras referências

Livros

ARGAN, Giulio Carlo. *História da arte como história da cidade.* 6. ed. São Paulo: Martins Fontes, 2014.

BACHELARD, Gaston. *O direito de sonhar.* São Paulo: Bartrand Brasil, 1994.

_____. *A poética do devaneio.* São Paulo: Martins Fontes, 1996.

Artigos/Textos

ABDALA, Sarah; FONSECA, Taiana; MAINENTI, Geraldo Marcio Peres. Abram Alas: uma história sobre as marchinhas. In: CONGRESSO BRASILEIRO DE CIÊNCIAS DA COMUNICAÇÃO, 48, 2015, Rio de Janeiro: *Anais eletrônicos...* Rio de Janeiro: Faculdades Integradas Hélio Alonso – Facha, 2015. p. 1-8. Disponível em: <http://portalintercom. org.br/anais/nacional2015/resumos/R10-3177-1. pdf>. Acesso em: 13 dez. 2017.

BORRALHO, Tácito. Os elementos animados no Bumba-Meu-Boi do Maranhão. In: MÓIN-MÓIN: *Revista de Estudos sobre Teatro de Formas Animadas*, Jaraguá do Sul, n. 2, p. 156-178, 2006. Disponível em: <http://ppgt.ceart.udesc. br/arquivos/id_submenu/601/revista_moin_ moin_2.pdf#page=157>. Acesso em: 13 dez. 2017.

CAVALCANTI, Maria Laura Viveiros de Castro. O boi-bumbá de Parintins, Amazonas: breve história e etnografia da festa. *Revista História, Ciências, Saúde – Manguinhos*, Rio de Janeiro, Fundação Oswaldo Cruz, v. 6, p. 1019-1046, set. 2000. Suplemento Visões da Amazônia. Disponível em:

<http://www.scielo.br/scielo.php?script=sci_ arttext&pid=S0104-59702000000500012>. Acesso em: 13 dez. 2017.

ERICEIRA, Ronald Clay dos Santos. As mulheres nas letras das marchinhas carnavalescas (1930- -1940). *Textos Escolhidos de Cultura e Arte Populares*, Rio de Janeiro, v. 10, n. 2, p. 93-107, nov. 2013. Disponível em: <http://www.e- publicacoes.uerj.br/index.php/tecap/article/ view/10218/8001>. Acesso em: 13 dez. 2017.

HAMPATÉ BÂ, A. A tradição viva. In: KI-ZERBO, J. (Ed.). *Metodologia e pré-história da África.* 2. ed. rev. Brasília: Unesco, 2010. p. 167-212. (História geral da África da Unesco, 1). Disponível em: <http://unesdoc.unesco.org/images/0019/001902/ 190249por.pdf>. Acesso em: 13 dez. 2017.

LUZ, Ana Luiza da. A teatralidade para além dos palcos na avenida do carnaval. *Textos Escolhidos de Cultura e Arte Populares*, Rio de Janeiro, v. 10, n. 2, p. 127-150, nov. 2013. Disponível em: <http://www.e-publicacoes.uerj.br/index.php/ tecap/article/view/10220/8004>. Acesso em: 13 dez. 2017.

RICHTER, Neuza Aparecida Reghin; FERREIRA, Kennedy Piau. *A instalação/arte no espaço escolar*: apreciação de imagens e experienciação. *Cadernos PDE*–Secretaria da Educação do Paraná, v. 1, 2013. Disponível em: <http://www.diaadiaeducacao. pr.gov.br/portals/cadernospde/pdebusca/ producoes_pde/2013/2013_uel_arte_artigo_ neuza_aparecida_reghin_richter.pdf>. Acesso em: 13 dez. 2017.

SANTOS, Rafael Sousa dos; COSTA FILHO, Francisco Assis da; MACENA FILHA, Maria de Lourdes. Afetividade e festa pela lúdica dos folguedos populares no contexto escolar e no espaço da academia desportiva. In: CONGRESSO BRASILEIRO DE FOLCLORE, 16, 2013, Florianópolis. *Anais eletrônicos...* Ceará: IFCE, 2013. Disponível em: <http://www.labpac.faed.udesc.br/ afetividade%20e%20festa%20pela%20ludica%20 folguedos%20populares_rafael%20s%20dos%20 santos.pdf>. Acesso em: 13 dez. 2017.

VIEIRA, Marcelo; PEREIRA, Dimitri Wuo; MARCO, Melissa de. Primeiros obstáculos no *parkour* escolar. In: CONPEFE - Congresso Paulistano de Educação Física Escolar, 2011. p. 1-13. Disponível em: <http://www.rebescolar.com/conpefe-2011> Acesso em: 13 dez. 2017.